Dear

From

Date . .

Gift for you.

母が残してくれた、たった1つの大切なこと

喜ばれる人になりなさい

永松茂久
Nagamatsu Shigehisa

すばる舎

一時期、母の長電話が嫌だった。
今、母と長電話をしたい。

プロローグ――過去に託された夢

むかしむかし、あるところにお母さんとその息子の少年がいました。

あるときお母さんは少年に聞きました。

「大きくなったら何になる？」

息子は答えました。

「一等賞になる」

お母さんはふたたび聞きました。

「なんで一等賞になりたいの？」

息子は胸を張って答えました。

「だって一等賞はすごいから」

お母さんは息子に言いました。

「それじゃあ一等賞になれないね。なってもすぐに追い越されちゃうよ」


ムスッとふてくされる息子にお母さんは続けました。


「よく聞きなさい。ひょっとしたら、あなたは何かで一等賞になるかもしれない。でもそれはあなたのためじゃなくて、困った人を助けるためなのよ」

「そんなこと言われてもわからない。一等賞はすごいんだ」

「今はわからなくても覚えておきなさい。この世にはね、神様がいるの」

「俺、神様なんか会ったことないからわからないよ」

「ううん、あなたのそばには目に見えるたくさんの神様がいる」

「うそだ、神様なんていないに決まってるじゃん」

「ううん、いる。それはね、『おかげさま』っていう神様。あなたが着てる服、履いている靴、これは全部〝おかげさま〟がつくってくれたものなの。会ったことはなくても、あなたのことを思って一生懸命つくってくれた目に見えない人たちがいるの。その〝おかげさま〟の存在を忘れたらダメだよ。そしてね、いつかあなたが誰かの〝おかげさま〟になるの。一等賞は困った人を助けるために神様たちがくれるものなのよ。だからあなたは喜ばれる人になりなさい」

「喜ばれる人？」

「そう。あなたが人から喜ばれる人になること。それが私の夢」

お母さんがとても難しいことを言っているように聞こえて、少年にとってその話は遠い記憶になりました。

やがて少年は大人になり旅に出ました。

その旅路でたくさんの人たちに助けられ、お母さんが昔言っていた〝おかげさま〃の存在に気づいていきました。

その〃おかげさま〃は全員、お母さんが言ったことと同じ言葉を言いました。

「喜ばれる人になりなさい」

と。

これはそんな母と息子の物語。

電話の向こうで呼吸が聞こえる。
苦しそうでうめくような声。
一度聞くと一生忘れられない声。
まわりで名前を叫び続ける人たちの声が重なる。
しかし僕の耳には、不思議とその苦しい声しか入ってこない。

電話を切り、僕は仕事に戻る。
仕事とはいっても、その場所は僕を囲むために人がつくってくれた場。
抜けることはできない。

あのときの僕の姿をうつろというんだろうか。
目の前の景色がどんどん色をなくしていく。

そんなことを知らないまわりからは、おかまいなしにたくさんの質問が降ってきて、それに僕は一生懸命答えた。

「今、目の前にいる人のために」

幼い頃から言われ続けたその教えにしたがって。

話を終えた直後、ふたたび着信あり。

僕は会場を飛び出し、かかってきた着信を取り、会場の前の駐車場に行った。

あのとき、寝っころがった駐車場の、車止めに置いた頭の感触や鉄の冷たさ、そして携帯画面の背後にたまたま重なって見えたあの月を、僕は生涯忘れることはないだろう。

今、あなたのお母さんは笑っていますか？

もくじ

第1章 おかげさま母さん

第2章 ギフト屋母さん

第3章 応援母さん

第4章

MOTHER

第5章

僕は必ずあなたを日本一の母にします

最終章 喜ばれる人になりなさい

ブックデザイン　tobufune
DTP　野中賢（システムタンク）

第1章

おかげさま母さん

01

運は買える？

「茂久、知ってる？　運って買えるのよ」

僕の母、永松たつみはこうした一見おかしなことを、大真面目に言うタイプだった。

「あのね、この世には目に見えないお金があるの。そのお金はね、徳っていうのよ」

「俺は目に見えるお金がいい」

「目に見えるお金も買えるお金。それをね、徳っていうの」

いつものように右から左に話を聞いている僕に、かまわず母は続けた。毎度同じ話なので、次にどんな内容がくるかはすでにわかっている。

この人は前回も同じ話をしたことを覚えていないんだろうか？　それが僕には不

思議でしかたなかった。

「その徳はね、喜ばれることをしたら1個たまるの。そしてね、人に気づかれないように喜ばれることをしたら、さらにボーナスがついて10倍たまるのよ」

何を基準に10倍ポイントがつくのかまったく意味がわからない。

しかし母は、それをさも10倍ポイントをもらって喜んだことがある人かのように、迷いなく楽しそうに話す。ある意味、特技といってもいいくらいに。

「そしてね、親の積んだ徳は子どもに流れるの。だから私は喜ばれることをたくさんして、あなたたちに徳を流すからね」

「母さん、俺、だから目に見えない徳より、目に見えるお金がいいって」

「ふぅ。あなたもまだまだ子どもね。まあいいわ。いつかわかる。だから私は喜ばれる人になるために今日も仕事をしてくるから、自分で何かをつくって食べてね」

「いや、今もう夜の8時だよ。腹減った」

そう言う僕と弟を無視して母は階段を下り、自らが経営するギフト屋に行った。

僕たちの毎日はこんな感じだった。

「あなたたちのために徳を積む」

これが母の口癖だったが、幼い頃、この「徳」という言葉は僕たちにとっては、母が自分の仕事をやりたいための方便だと思っていた。

02 告白

僕の生まれた実家は昭和初期、曽祖父の経営する下駄の卸問屋として、多くの丁稚や番頭さんを抱えていた名残からか、とにかく家が広かった。

家の真ん中には、ふだんは何にも使われていなかった大きな仏間があった。中学校にあがったある日、母と同い年くらいの男性と女性が月に1回ほどやってきて、その仏間で何やら話をするようになった。

話を聞くと、母のお店の取引先メーカーの社長さんと、同業者の女性らしい。最初の頃は話を聞いているのは母1人だったが、数を重ねるにつれ、その話を聞く人の数が増えていった。

そんなある日、2人でご飯を食べているときに、母が申し訳なさそうに、そして何か言いたげにモジモジしていた。

「あのね、茂久。ちょっと相談があって……」

「さっきからなに？　早く言ってよ」

「そうね。んじゃ言うね。びっくりしないでね」

「しないよ」

「私、お坊さんになっていい？」

僕は思わず味噌汁を吹き出した。まったく予期せぬところからカウンターパンチを喰らった気分だった。

「お、お坊さんって、店はどうするんだよ！」

「あ、それなんだけどね、お坊さんっていってもね、家にいてできるお坊さんなの」

「なんだよそれ、そんなお坊さんってありなの？　なんかよくわからないけど俺は嫌だ」

「お願い、あんたたちに迷惑はかけないから！」

まるでどっちが親だかわからないような会話だったが、飲み会から帰ってきた父にそのことを言うと、諦め顔で、「どうせすぐ飽きる。ほっとけ」と意に介さない。

仏間に来ていたおじさんとおばさんは、どうやらそのお寺の人だったということが後になってわかった。

03 そして母はお坊さんになった

母は何事もやりはじめると、まわりが見えなくなるタイプだった。

父と僕の予想に反して、我が家の仏間にはどんどん悩みを抱えた人が増えていった。

母はあっという間にお坊さんの免許を取得し、位を駆け上がっていることがわかった。気がつけば中2の終わりには、反対していた父までもが巻き込まれ、母の説法の隣に座るようになっていた。

経営するギフト屋もスタッフが増え、母はやがて現場から抜けるようになり、2階に上がると「チーン」という音と共にたくさんの人がお経を上げ、その後に輪になって母に人生相談をするという不思議な家に変身していた。

僕が中学生の当時は映画『ビー・バップ・ハイスクール』の全盛期。

僕も例にもれず、不良に憧れ、短ランとボンタンで剃り込みを入れ、仲間たちと共に元気に暴れまわっていた中2病全盛期。その兄を見て育ったせいか、弟の幸士も小学生ながらに兄を超える超ヤンチャ坊主になった。

フリフリのエプロンやメルヘンな小物に囲まれたギフト屋の中を通って2階に上がると、母のまわりには悩める人たちがいて人生相談をしている。今振り返ってみても、我が家はものすごく変な光景だったと思う。

しかし、母の持つよくわからないカリスマ性というのだろうか。気がつけば僕の仲間の悪ガキたちも、説法の中に正座して座るようになった。僕はそれが嫌でいつも母と口ゲンカばかりしていた。

集会のない日、久々に食卓に集まったとしても、父と母の会話は「徳を積む」とか「利他」とか「感謝」とか意味不明な仏教用語が飛び交う。

いつのまにか我が家の壁は、母が書いた「おかげさまの教え」や、相田みつをさんの『にんげんだもの』の日めくりカレンダーで埋め尽くされていくようになった。

04 トイレの教え

ある日、母はこんな紙を書いてトイレに貼った。

茂久くん、幸士くん

今日も一日、たくさんの人たちのおかげさまで
楽しい一日を過ごせてよかったね
人間一人ではできないことが多いけれど
みんなが助けてくれて
今日のわたしたちがあるのよね
おかげさまを忘れない人でいてくださいね

きちっとあいさつできていますか？
おはようございます
こんにちは
こんばんは

ありがとう
すみません
ごめんなさい
あいさつが立派にできる人って
素敵な人になれると思うよ

お父さんお母さんの大事な宝の二人だから
どうぞ立派に成長してください

お父さん、お母さんより

ビー・バップ・ハイスクールの流行りに乗った悪ガキ少年に似つかわぬ、自己啓発セミナーのような家庭環境。

嫌ではあったが、人間は環境の生き物であるということがわかる今となっては、「徳」「利他」「感謝」という言葉が僕の中で無意識にインストールされたのは、間違いなくその時期であって、それはやはり母の影響が大きかったのだと思う。

母を中心として家族1人ひとりが好き勝手に好きなことをやっている家ではあったが、それなりにバランスは取れていた。

05 お母さん向けのすごい教育論

母は独特の目線を持っている人だった。

お坊さんの資格を取って、悩める人たちに向けていろんなカウンセリングをやっていた。仕事や人生、考え方を提案しながら、ときにはずっとその人の話を聞いたり、ときには厳しくさとしたりしながら多くの人に向き合っていた。

その中で、際立って印象に残っていることがある。

相談相手は子どものことで悩んでいるお母さんだった。内容を簡単に説明すると、子どもが引きこもりになってしまい、子育て勉強会に行ったところ「本人の自己肯定感が足りていないから、とにかくほめて育てなさい」と言われたらしい。

この悩みに対する母の回答に僕はびっくりした。

「とにかくほめろってどういうこと?」

「何があってもいい面を見なさいということでした」

「それをしたら子どもをダメにするんじゃない?」

「え??」

端っこで説法を聞いていた僕も、そのお母さんと同じく「えっ?」と思った。

「あのね、最近思うんだけど、『どんなことでもほめなさい』っていう理論があるけど、私はそれはどうなんだろうと思うのよね。家ではそれで通用するかもしれない。でもね、私は子どもはいつか社会に返す存在だと思ってるのよ」

社会に返す。たしかに僕と弟はそう言われて育った。その言葉に「なんて冷たい母親なんだ」と思ったこともある。そういう意味では「自分の子だから」と甘やかされた記憶はあまりない。


お世話になった人にちゃんとお礼は言ったか?

筋道は通しているか?

恩を忘れてはいないか？
自分の我ばかりを通そうとしていないか？

子どもの頃はうっとうしかったが、そのうっとうしい教えが社会に出て驚くほど役に立った。

母は最初から僕たちを本気で「社会に返す」つもりだったのだと思う。

「なんでもかんでもほめてばかりいたら、いつかその子はほめられないと何もできない子になるわよ。ダメなことはダメってしっかりと言うのも愛じゃないのかな。子どもを信じているからこそ厳しいことも言えるのよね」

なるほど。たしかに信じていない人に厳しいことは言えない。

「でもその勉強会で『厳しいことを言ってはいけない』って言われたんです。うるさく言ってはダメだと」

「あなたは聖母マリアになろうとしてるの？」

「え？　まさか、そんなすごい人になろうなんて……」

「お母さんってね、何千年も前からうるさい存在だったのよ。当たり前よね。自分のお腹を痛めて産んだ子なんだから。そんな何千年もたくさんの人ができなかった聖母マリアみたいな存在を目指すほうが無謀じゃない？」

これには笑った。そして今、子育てで悩んでいるお母さんに僕がこの言葉を言うと、けっこうハッとする人が多いが、実はこれは母のパクリだ。

「お母さんはそもそもうるさくて当たり前。『どんなことでもほめなさい』系の話に疑問を持つのはその理由からなのよ。子育てに悩んで、その上、ほめられない自分にまた悩んで母親自身が自己肯定感を失ってしまったら、結局一番かわいそうなのは子どもだよ。それより他にやることがあるでしょ」

「たつみさんはどうされてるんですか？」

「私は母として3つのことだけを決めてるの」

「どんなことですか」

ちょっと間を置いて母は答えた。

「えっとね、1つめは子どもに対する心配をする時間があるなら、それを自分の好きなことをやる時間に変えること。その姿を子どもに見せれば、子どもは将来そうやって楽しく生きることができる人間になるって信じてるから」

僕も思わずメモをした。そのノートは今でも手元に残っている。

「2つめは子どもがどんな状態であっても、お母さん自身が自分の機嫌は自分で取

りながら明るく生きること」

たしかにあなたはいつも明るいです。そんな誓いを持ってたんですね。

「そして3つめが何があっても子どもの味方でい続けること。何があっても子どもの未来を信じること」


この話は、母がもうすでに60歳を過ぎていた頃の話だ。

約25年もいろんな人の人生相談を受けて熟練したのか、もしくはあまりにも僕と弟が迷惑をかけすぎたがゆえに開眼させてしまったのかはわからない。人様に迷惑をかけて頭を下げさせたのは、僕と弟と通算したら申し訳なくなるくらいの数だから。

息子が言うのもなんだが、母の言葉に矛盾はなかった。いや、むしろ母はこの言葉に沿って生きてきたのかもしれない。

厳しいときは家出したくなるくらい厳しかったし、どんなときもいつも明るかった。そして何があっても僕たちを見捨てなかった。

「あんたのこと信じてるよ」

「大丈夫よ、あなたならできるから」

母のこの言葉は年齢を重ねるたびに、今も深く心の奥に響いてくる。

06 父からの電話

2015年、僕と弟の経営は共に順調だった。

飲食店事業である、陽なた家グループは大分の中津に2店舗、そして福岡市のメイン繁華街である大名に出した「大名陽なた家」も予約でいつも満員御礼。その勢いに乗って博多水炊き、弟が初経営者としてはじめることになった博多ラーメンの店を同じ通りに出店したばかりだった。

その頃の僕は人材育成事業として、全国を講演でまわり、その流れではじまった執筆業も累計で80万部に到達し、出版スタジオのプロデュース作品も30作を超えるようになっていた。新しく出店した2店舗とも順調に滑り出し一息ついた頃、久しぶりに父から連絡があった。


「茂久、久しぶりだな。そっちは順調か？」

「うん、おかげさまで幸士（弟）の店も調子いいよ」

「そうか。よかった……」

父はそう言ってしばらく沈黙した。ふだんないことなので少し嫌な予感がした。

「実は大変なことが起きた」

「なに、なに？　直球で言って」

「……たつみが癌《がん》になった」

一瞬詰まったが、僕はすぐに気を取り直した。そもそも30年前も母は癌になった経験がある。

しかも今の時代、60歳を超えれば人はなんらかの故障を起こす。2人に1人は癌になる時代なのだ。そのことを父に言った。

「そうなんだけどな……。そんな軽い場所ならいいんだけどな……」

いつも強気で元気な父の声が重い。大げさな表現をするタイプではないので、なおさら嫌な予感がした。

「すい臓癌だ。そしてたぶん転移してる」

父いわく、初めての検査に行く前、母は1週間ほど食欲がなかったらしい。

経営していたフィットネスクラブの2号店のオープンによる疲れも溜まっている

と思い、いつも出張で来てくれるマッサージ師の女性に、予定を前倒ししてもらって施術に入ってもらったらしい。

そのときに開口一番、母に黄疸が出ていると言われ、父の知り合いの病院に行った。その検査の後、すぐに設備の整った病院を紹介され、そのまま精密検査を受けたということだった。

母は若い頃に病気をして以来、健康オタクだった。いつも家には新しい健康食品やサプリ、水などが並び、そのときのブーム商品を僕たちに押し付けてきた。

僕たち飲食店は肉体労働だ。当然、身体になんらかの疲労が溜まると身体が痛くなることだってある。背中をほぐそうと実家に帰ってマッサージ機に寝っころがっていると

「あんたすい臓が悪いんじゃない？　すい臓は本当に怖いのよ」

といつも言っていた。

そもそもその言葉で、僕はすい臓という存在を認識したくらいだった。

しかも転移すると末期だということも母から聞いていた。

まさかその母本人がすい臓癌になるとは。


「検査はいつ？」

「もう終わって明日最終結果が出る」

「わかった。立ち会う。今から戻るよ」


そのまま僕は弟の幸士を車に乗せて、福岡から中津に戻った。以前は福岡というと中津からかなり遠かったが、高速がつながったので飛ばせば1時間半もかからずに戻れる。

何かを感じた無言のままの幸士との車の中で、高速道路をつくってくれた見知らぬ〝おかげさま〟の存在に感謝したのを今でも覚えている。

07 プロジェクト発足

「母さんは？」

僕たち2人は実家に帰り着くと同時に父に聞いた。

「仏間にいるよ」

曇りガラスの切れ間の透明な部分から覗くと、母は仏壇の前に正座して座っていた。声はかけなかった。

「2人ともこっちに来い」

父から呼ばれ、僕たちは実家の1階部分にあった閉店したお店の跡地に連れて行かれた。3人とも無言だった。口を開いたのは幸士だった。

「父さん、すい臓癌ってそんなに悪いの？」

「……よくわからないけど、たぶん悪いな」

ふだん気丈な父がうっすら目に涙を浮かべていた。

それで僕たち2人は本格的に状況を理解した。

「お前たち2人にお願いがある」

聞く前からなんでもやるつもりだった。おそらくそれは幸士も同じ気持ちだったと思う。

「俺は何があってもたつみを助けたい。どんなことをしてでも」

父の言葉は本気だった。

そもそも軽い気持ちや単なる見栄でそんなことを言うなど九州男児としてありえない。「自分の言葉には絶対に責任を持て」と言い続けてきた父の言葉は深く響いた。

「俺の全財産を使ってでもあいつを助ける。それが俺の役目だ。茂久、幸士。お前たちも手伝ってくれるか？」

「うん、もちろん。なあ幸士」

「当たり前。俺ももう経営者だし」

父は厳しい事業家で、とても堅実なタイプだ。何も考えずに使ってしまう僕とは違って相当な資産を持っているはず。その父が全財産をかけるという。

ことの重さがどんどん自分の中にのしかかってくる。

油断するとこっちまで泣いてしまいそうだ。でも今はだめだ。一番辛いのは母本人なのだから。

「そうか。ありがとうな。そしてもう1つお願いがある」

「なんでも」

「俺はたつみの身の回りのことを全部やる。茂久は本を書くようになって心の仕組みの勉強をしてきたよな。だからたつみのメンタルのフォローをしてくれないか？」

「わかった。俺の持ってるすべてのノウハウを使って母さんの心を明るくするよ」

「幸士も茂久をフォローしながら、できるだけたつみに連絡を取ってやってほしい。オープンしたばかりだから無理なくでいいからな」

「うん」

こうして妻や孫たちを巻き込んだ、僕たち男3人での「たつみちゃん復活プロジェクト」がはじまった。

08 宣告

翌日、中津市民病院。

店をオープンしたばかりの幸士を福岡に戻し、父と僕が結果に立ち会った。

母を先生の前に座らせ、隣に父、そして僕は母の後ろに座った。

年の頃40代中盤くらいの先生だった。

まずは先生がすい臓の場所や機能、肝臓やたんのうとの関係性を丁寧に教えてくれた。

「先生、それで病名は」

説明はいい、とばかりに父が遮《さえぎ》って聞いた。先生は話をやめて一呼吸置いて答えた。

「すい臓癌です。たぶん間違いないでしょう」

「…そうですか」

母は毅然と答えた。

しかしその次の言葉は予想していなかったようだった。

「おそらくこちらの肝臓部分の白い影は転移かと」

宣告の重さは父から聞いておおよそ覚悟はしていたものの、想像と実際に聞くのとでは威力が違った。転移のことまで聞かされていなかった母のショックは僕たちの比ではなかったと思う。

すい臓癌の肝臓転移。もともと病気に詳しい母だから、この意味は即座に理解したのだろう。背中の力が抜け、肩がガクッと落ちた。それを父が支えた。僕はその光景を後ろから見るだけだった。

病室を出て父が会計をする間、母は僕の手をずっと握っていた。心なしかその時点で、すでに痩せはじめているように感じた。

翌日、僕は福岡に戻り、出店当初からずっとお世話になっていた女性経営者を訪ね、母の病状の相談をした。その方の名前は藤堂和子さんといって、福岡でその人を知らない人はもぐりだと言われるほどの大経営者で、「日本の人脈」と言われている方。あっという間に僕の目の前で九州大学病院の特別室を押さえてくれ、そのまま母は入院になった。

運を持っている人というのはいるのだな、ということを自分の母を見ながら感じた。癌の発覚以来、闘病生活とは思えないほどたくさんの人が支えてくれた。

母は僕のつくってきたイベントにほぼ参加していた（呼ばなかったらふてくされるため）。だから全国に僕を通じた知り合いが多いこともあって、いろんな方面からサプリや情報、お見舞いやお花があふれ、なんともにぎやかな病院生活になった。

たまたまだが、初抗がん剤の前日。僕は東京で一本の会食の予定があった。

その会食相手はテレビに何度も出演している超有名なお医者さんで、僕の本を読んで会いたいと言ってくれたので、知り合いがセッティングしてくれた。

その場で、翌日母が抗がん剤を投与するということを伝えると

「実は僕は明日福岡なんだよ。迷惑じゃなければお母さんに会いに行っていいかな？」

ということになった。

いきなりその有名な先生が私服でやってきて

「永松たつみさんの病室を教えてください」

となったため、病院がちょっとした騒ぎになったらしい。

九大病院は福岡にあり、しかも僕たちは偶然にも福岡。当時僕と弟は大名陽なた家の隣にマンションを借りていたので、そこで父と家族たちが福岡に大移動し、合宿生活がはじまった。

お金はかかるが個室にしたのは、我が家が裕福とかそんな問題ではなく

「おそらくたくさんの人たちが会いに来るから」

というまわりの患者さんたちへの配慮が第一の目的だった。そしてその配慮は見事に当たった。

こうして母のにぎやかな闘病生活がはじまった。

第2章

ギフト屋母さん

09

原風景

〝西の博多、東の中津〟——僕の生まれた大分県中津市は、江戸時代、そう言われた商業都市だったという。

福沢諭吉さんが19歳まで育った場所、軍師官兵衛がつくった中津城、そして中津のからあげが三大名物の、大分県と福岡県の県境にある人口8万人強の地方都市だ。

僕は、その中津で、当時中心地と呼ばれた新博多町商店街で生まれた。

その商店街で、僕の曽祖父は「九州松芳本店」という下駄の卸問屋を営んでいたことが、我が家の商売の原点。

リヤカーを引っ張っての下駄の行商からはじめた事業がだんだん大きくなり、戦前までは九州一周をカバーするほどの大商人だったという。

しかし時代の流れで下駄屋は縮小。

その後、祖父が下駄屋の余ったスペースに、肉屋、魚屋、八百屋、乾物屋、食堂などの店子、今でいうテナントを入れスーパーマーケットに方向転換した。その家で生まれた僕は、幼い頃から商売をやっている大人の環境の中で育った。

幼い頃の遊び場は商店街のアーケード。

祖父のスーパーマーケットの道を挟んだ真ん前には「明屋《はるや》書店」という本屋があり、1階は絵本コーナーやおもちゃやレコードがメインの階だった。

2歳のよちよち歩きの頃から、僕はその明屋書店で本に囲まれた毎日を過ごした。

この環境がのちに僕の人生に影響を及ぼすことになる。


しかし、時代の流れは容赦なく変わる。この街も例外なく、大手スーパーの進出により、歯抜け商店街となり、現在は昔の面影など何もない閑散としたアーケードになっている。

そんな故郷も、昭和50年当時、商店街にはコミュニティーがあって、子ども同士も仲が良かったし、そこにいるおじちゃんやおばちゃんたちもかわいがってくれ、街全体が1つのファミリーのようなものだった。

10 夢工房

両親が商売をはじめるきっかけになったのは、僕が小学校3年生のとき、母が32歳で子宮癌になったことだった。

運良く早期発見でき、手術をして良くなったのち、父が、落ち込んでいた母のなぐさめになればと商売を勧めた。

祖父が経営していたスーパーマーケットの一角にあった、8坪ほどの小さなスペースが空いていたからだ。

父はそこでお好み焼き屋をやるつもりだったのだが、友達に
「病気した嫁さんにそんなキツイ仕事をさせるつもりか！」
と怒られ、母に本当にやりたいことを問いただしたとき、母がこう言ったらしい。

「実はやりたい店がある。何かっていうと全国から自分の好きなものを集めて、きれいな包装紙に入れて、みんなにプレゼントできるような店」

この母の希望で、ギフトショップ「夢工房」が誕生した。
この店が、小学生の子どもの目から見てもわかるくらいの大当たり。
オープンのとき、在庫が3日でなくなってしまい、一度店を閉じた。
「母さん、こんなに商品がなくなっちゃって店はどうするの？」
と心配したことを覚えている。
父は脱サラをし、母の店の社長兼経理をやっていた。そんな感じで両親とも、子

どもの相手をしている暇なんかなかった。

11 私は人に喜ばれることが大好き

「夢工房」は、どんどん大きくなった。

祖父のスーパーマーケットから店子さんが歳を取って引退するたびに、夢工房はスペースを広げ、祖父の引退と共に、150坪のスーパーはすべて夢工房になった。

オープンから3年ほどで、夢工房は中津の一等地に数店舗の店を展開、その当時の中津の贈り物の顔のような存在になっていった。

1階が店、2階が家だったため、僕と弟はほとんど2人で過ごした。

母はディスプレイを入れ替えたり、オリジナルのラッピングの包装の練習のため、夜中まで上に上がってこない。しまいには下に呼ばれ、商品に当てるライトの角度変更や在庫出しを手伝わされる毎日だった。

弟は露骨に嫌がっていたため、その役はいつも僕だった。


そんなある日、過労がたたったのか、母が肝炎で倒れた。

大病をした後だったし、もともと身体の丈夫なほうではない。その入院先で母とこんなやりとりをした記憶がある。

「母さん、そんなに無理しないでよ。いやいやしなくてもいいから」

「茂久、ごめんね。でもね、私は楽しくてたまらないの。商品をラッピングして手渡ししたときのお客さまの笑顔を見るのが大好きなの。だからね、私は好きでやってるから心配しないでね」


私は人に喜ばれることが大好き――。

それが母の口癖だった。

しかしそれは強がりでもなんでもなく、本音だったのだと思う。

父は実業家だから、事業展開のほうに力を注いでいたが、母はどちらかというと、ただ自分の大好きなことをやって、それがお客さまに喜ばれることが好きで好きでたまらない、という、ある意味おもちゃに夢中になっている子どものような状態だったのだと思う。

こんな環境だったから、家に帰っても、かまってもらえない。

普通の家ではファミコンをして遊んだり、お母さんが焼いてくれたお菓子を食べたり、それを見て「いいな」と思ったこともあったけれど、僕と弟にとってはその環境が当然なんだと思って育った。

親は親でがんばっているのを知っていたからわがままは言わなかった。

12
自己肯定感って何ですか？

最近、自己肯定感という言葉をよく耳にする。

これは文字通り自分の存在にどれだけOKを出せているかというメモリのことだ。

そしてこの自己肯定感は、さかのぼると親との関係性によって決まると言われる。

そう考えたとき、僕の幼少期は自己肯定感もへったくれもあったものではなかった。


たぶんあれは3歳から4歳の頃だったと思う。

うちの両親はどっちかというと美形、今でいうとイケメンとべっぴんさんというところだろうか。弟ももれなく生まれたときから鼻筋が通り、顔が整っていた。

しかし僕だけはなぜかペチャ鼻。

「あんたは橋の下で拾われた。鼻が低いから」

みたいなことを母から言われていた。今思えばひどい言葉だ。


祖母の家に泊まったとき、こんなことがあった。

僕は毎日寝るときに鼻に洗濯バサミをされて寝るのが習慣になっていた。母いわく、鼻が高くなるおまじないのようなことだったらしい。

祖母の家でご飯を食べ、寝る時間になった。僕はいつものように母に洗濯バサミを持っていく。


「お母さんお願い」

「はい、これでよし」

いつものように洗濯バサミをセットされて、僕は隣の部屋の布団に入った。

「たつみ、あれは何をしてるの?」

祖母の声が聞こえた。

「何ってあれは鼻が高くなるおまじないよ」

そのとき祖母が大声を上げた。

「あんた子どもに何させてるの！　このばかたれが」

「だってお母ちゃん、あの子だけ鼻が低いんだもん！」

「あれはあれでかわいいでしょ！　今すぐやめさせなさい！」


お母さんごめん、僕の鼻が低いばかりに。

子どもながらにそう思って、僕は静かに洗濯バサミを外した。

その後、祖母の家に行ったとき、僕は洗濯バサミをやめることにした。しかし家での洗濯バサミのおまじないは小学校にあがる前くらいまでは続いた。

中学生になって成長期に入り、幼い頃よりいくらか鼻が高くなったとき、母が

「私のおかげ」

とドヤ顔をしていた。自己肯定感という面で振り返ると本当にひどい話だ。

しかしその当時、母は28歳くらい。今自分が40代中盤を過ぎたとき、30歳に満たない女の子が一生懸命子育てをしていたということを考えると、怒りも何も湧かない。逆に笑えてくる。


「ヤンチャ坊主2人を育てるのは本当に大変。3人だったら私は死んでた」

それが母の口癖だった。

僕は小学校にあがる頃までは本当に気弱で引っ込み思案だったが、無理やり入門させられた少林寺拳法で結果が出るにつれて、だんだんヤンチャになっていったらしい。

対照的に、弟は生まれたときからジャイアンのようなタイプだった。

この性格に加えて上を見て育つものだから、輪をかけてヤンチャになる。

生物学上で見ても、長男より次男のほうが運動能力やヤンチャ性が高くなるというデータがある、というのをテレビで見たことがある。これは育った環境に起因するのだろう。

こうして僕が小学校高学年になる頃には、兄弟揃って地元のヤンチャ兄弟になっていた。

13 ハンガー母さんと閻魔大王

夢工房は表ではフリフリのエプロンを売るメルヘンな店だったが、それとは対照的に奥の在庫室ではいつも戦いが繰り広げられていた。僕も弟もしょうこりもなく悪いことをしてバレて怒られる、その繰り返しだった。

今の時代では信じられないが、裏のルームで僕たちはハンガーを持って追いかけ回されていた。こういった光景は昭和55年生まれくらいまでの人ならば、少しは記憶があると思う。

「あんたらを叩くと手が痛い」

といつからか母はハンガーで僕たちを叩くようになった。

普通の家では、こういう場合、どっちかがアメとムチのアメちゃん役をしてバランスを取ると思う。しかし我が家は違った。

ハンガーでやられた後、母が帰ってきた父にチクるのだ。すると父は閻魔大王になり、さらにこっぴどくやられる。負けじと僕たちは網の目を掻《か》い潜ろうとするがまたバレる。まあ親も親なら子どもも子どもだったと思う。

「いつかやり返してやる」

僕はそう思っていた。

子どもは成長する。身体も大きくなってくる。しかも僕は当時少林寺拳法の全国大会でいつも上位に入るようになっていた。

あるとき、母のビンタが飛んでくる瞬間を目がけて思いっきりその手に手刀をかました。

「痛い！」

母が手を押さえて座り込んだ。

「へへっ、ざまみろ。しかえししてやったぜ」

そう思った瞬間、今までにない衝撃と共に目の前に星が飛んだ。僕は吹っ飛んでいた。鼻血が垂れるのがわかった。父からグーで殴られたのだった。

そしてその後に放たれた言葉でまた星が飛んだ。今度の星は痛みがなかったが、精神的には思いっきり効いた。

「貴様（九州では怒るとこう言う）、俺の女になに手を出してんだ、このやろう！」

お、俺の女？　いや、お父さん、僕にとってはお母さん…。

そう言おうと思ったが、言うとさらにやられそうなので、黙っていた。

こういうときいつも、父は思いっきり母の味方だった。このときばかりは、父というより男として殴られた気がした。


この話をするのは勇気がいる。

なぜなら女子にこの話をすると、決まって「パパかっこいい！」という声が飛んでくるからだ。殴られた僕に同情されたことは未だかつて一度もない。

今で言えばこれは虐待ととられるかもしれないし、同じような環境だったら親を恨む人もいるかもしれない。

しかし、僕も弟も家が大好きだった。

親を恨む気にはまったくならなかった、というより、そんな感情があることすら知らなかった。

ただ、なぜ僕がそう思わなかったのか、なぜ自己肯定感を保つことができたのかは今になって理由がわかる。それはシェルターがあったからだ。

両親が夢工房をはじめた頃、かつてのスーパーマーケットでは祖父と祖母が下駄屋をやっていて、怒られるたびに僕はいつもそこに逃げ込んでいた。

それと同時に目の前に広がるアーケード自体がコミュニティーのようなもので、その環境がとても僕をかわいがってくれたからだと思う。

そしてもう1つは、両親が怒るときというのは、決まって僕が悪いことをしたとき限定で、自分の機嫌で僕たちに当たってくるようなことは決してなかったからだ。今目の前にかつての茂久がいたとしたら、僕もぶっ叩くと思う。

それくらい、小学校高学年の僕は、いろいろなことをやらかす小僧だった。

14 夢との出会い

僕の夢は小学校5年のときにはじまった。

10歳のとき、商店街の一角に、1坪ほどの小さなたこ焼き屋ができた。

僕はおこづかいを握りしめ、いつもそのたこ焼きを食べに行っては入り浸った。

やがて、学校であったことを、たこ焼きを食べながらおばちゃんに話を聞いてもらうことが日課になった。

通ううちに僕は、目の前でくるくる回りながら育っていく、おばちゃんのつくるたこ焼きの魅力にハマっていった。

「おばちゃん、それ俺にも焼かせてよ！」

いくら頼んでもおばちゃんは相手にしてくれない。しかし、そんなことであきらめるわけにはいかない。毎日たこ焼き屋に通って、おばちゃんと仲良くなった。そして、カウンター越しではあったが、やっと串でたこ焼きをひっくり返して丸くするチャンスをもらった。

やってみるとこれがめちゃくちゃ難しい。やがてそれがどうにかできるようになったとき、おばちゃんは僕を店の中に入れ、本格的にたこ焼きのつくり方を教えてくれるようになった。

とにかく味には厳しくて、僕のつくったたこ焼きがうまくいかないときは、いくらつくってもOKとは言ってくれなかった。その分、ほめられたときはすごく嬉しかったし、うまく焼けるようになればなるほど面白くなってきた。

何よりも自分がつくったたこ焼きを買って、お客さんに食べてもらえることが嬉しかった。

「今日もがんばってるね！」

「おいしかったからまた来たよ」

なんて声をかけてもらえることに感動した。これはすごいことだと思った。

こうして僕はおばちゃんのたこ焼き屋で、その魅力と商売の楽しさを教えてもらったのだ。

そして、それはいつしか、〝僕の夢〟になっていった。

15 毎日が宴会

昭和50年代、商店街にはまだ活気があった。

夏の毎週土曜日の夜には夜市といって夜9時まで営業をやるイベントがあり、商店街には人があふれた。

その日ばかりは、毎日通っていた明屋書店のお兄さん、お姉さんもまったく僕に取り合ってくれないくらい忙しく、幼かった僕の目には渋谷のセンター街さながらに見えた。

当たり前だが、商店街の中にあったたこ焼き屋も同じように大繁盛で、僕もいつのまにかレギュラーになっていた。

もちろん夜市ほどではないにせよ、毎日が大繁盛。商店街の各店舗の人たちも景気がいい。商人たちはみな「この世の春」を謳歌《おうか》していた。

今の時代と違い、世の中はもっとファジーで、商店主たちの中には昼からお酒を飲んで、夕方にはすでにできあがっているおじさんもいて、アーケードの中でビール樽をひっくり返し、自然と宴会がはじまるということもザラにあった。

たこ焼き屋のおばちゃんも酒好きで、お店を僕に任せ、父や母たちとの宴席に入ることもしばしばだった。

「茂久、たこ焼きを5パック焼いて持ってきなさい」

母が買いにくる。

「わかった〜」

「わかった〜じゃないよ、ありがとうございますでしょ。あんた働いてるんだから。商売人ならそこはちゃんとしなさい」

「あーい。あざーっす」

たこ焼きを焼き、僕は届ける。

そして店を閉めてその輪の中にいるおばちゃんに終わりの報告をする。


「お、終わったか。茂久、こっちに入れ」

どこの街にでも1人はいる近所のノリのいいおじさんから声をかけられ、僕はいそいそとその輪に座ろうとする。すると母からこう飛んでくる。

「あんた遅いんだからもう帰りなさい」

「えーなんで？」

「子どもだから」

さっきまでは普通の商売人教育をしていたくせに。

しかし、それを口にすると母とケンカになるから、ふてくされながら僕は黙って帰る。

「母ちゃんにこう言われるとしかたないなー。茂久、早く大人になれよ」

こんな理不尽なことを言われるたびに、「1日も早く大人になってやる」そう思った。それくらい大人たちの世界が輝いて見えた。

16 相手の気持ちを考えるということ

20年以上経営者として生きてきた中で思うことがある。

ビジネス論はいろいろあるが、成功するために最も大切なことは

「相手の気持ちや痛みを理解する力」

を身につけるということではないだろうか。

商店街はみんな仲が良かった。

しかし、今思えばそれぞれの店は独立した店舗だ。繁盛しているお店もあれば、そうでもない店もある。店ごとに優劣が決まってしまうということは、今も昔も変わらない。

当時は子どもだったからそんなことはわからなかったが、いろんな嫉妬ややっかみで人間関係がギクシャクすることもあったと思う。

その中で、夢工房は相変わらず繁盛し、僕は幼い頃から外食が日課だった。

中学校の頃だったと思う。その頃は知恵がついてきて、少々寂しさをほのめかし

たときに、母が余分にお金をくれることがあった。

そのお金を貯め、自分へのご褒美に、あるステーキハウスに行った。

満腹で僕が家に帰ると、シャッターの鍵が閉まっていた。たぶん僕が家にいると勘違いして父が鍵をかけたのだろう。


お金を全部使いきっていたため、僕は近所の食堂に電話を借りに行った。

そのとき、いかにそのステーキがおいしかったのかを、食堂のおじさんにとうとうと語っていた。

電話がつながり母が僕を迎えにきた。その帰りにこんなやりとりをした。

「茂久、あんたステーキハウスに行った話をしてたよね」

「うん、したよ。まじでおいしかったし」

「あんたはおじさんの気持ちがわかってない」

その頃はまだ、僕には商売人の気持ちなどまったくわかっていなかった。そんな僕に母は言った。

「あのね、おじさんも同じ飲食店をしてるのよ。鍵をかけたのは悪かったけど、ステーキのおいしさを語られたおじさんの気持ちを考えた？」

思いきり僕はふてくされた。母の言葉の意味がまったくわからなかったからだ。

「あんたはまだ人の気持ちがわかってないね。もっと相手の立場や気持ちをわかる人にならなきゃね」

ふん、そんなこと知ったことか。そもそも閉め出したほうが悪いくせに。

言葉にはしなかったが、心の中でそう言いながら、無言で母と2人でアーケードの中を歩いて帰った。ステーキの味はどこかに消えてしまっていた。

こうした教えというのはその瞬間はわからないものだ。しかし、社会に出ていろんな経験をし、やがて

「あのときの言葉はこういう意味だったのか」

とわかってくることが多い。

もちろんどの店を選ぶかはお客さまの自由だ。ビジネスも同じだろう。商品がいいほうに人は集まる。しかし、その陰には事業がうまくいかずに悩んでいる人がいるということも忘れてはいけない。

母はいつも僕に言った。

「優しいとは人に親切にすること。でももっとその前に、弱い立場にいる人の痛みを知ること」

理不尽な部分もある母ではあったが、幼い頃に折に触れて言われたこうした言葉の中に、今大切なことがたくさんある気がしてならない。

中学3年生。

興味本位で思いっきり勉強をしたとたん、成績が一気に跳ね上がり、「進学校に行こう」ということになった。

なぜ進学校なのかといったら、僕が進学校に行ったらまわりはびっくりするだろう、そんな単純な理由からだった。

そんな不純な動機ながらもいちおう高校に合格。

しかし入学したのも束の間、今度は大学に入るためのガリ勉生活が待っていた。

17 プラス思考母さん

中学校時代の〝野生の王国〟みたいな自由な生活から一変。いきなり檻の中に閉じ込められたような生活になじめるわけがない。

「しまった……、来るところを間違えた」

入学して間もなくドロップアウト。授業なんてほとんど聞いていなかった。教科書の代わりに枕を持っていく、そんな学生だった。

しかし、これは学校のせいじゃない。自分で選んでおきながらなじめなかった僕が悪い。

そんなころ母は、相変わらずギフト屋とお坊さん業でありえないほど忙しくしていた。

しかもお寺で「何があっても子どもを信じてあげなさい」と教えられていたためだろうか、僕が学校に行かなくても

「あなたは社会向きだから、仕事をはじめたらうまくいくから大丈夫」

と意に介さない。

40代になった今も変わらないが、僕は幼い頃から慢性的に朝が弱かった。気がついたら昼なんてこともしばしばあった。

「母さん、俺、どうしても朝起きれないんだ」

と相談すると

「あんたはね、生まれたときから夜行性だったのよ。あまりにも夜寝ないからお寺に相談に行ったら『鶏の絵を描いて天井に逆さに貼りなさい』って言われたからしてみたけど、それでもまったく夜行性は変わらなかったね。まあそれでも小学校と中学校はちゃんと学校に行けたから、高校はもういいんじゃない？　社会に出たら夜働く仕事をすればいいのよ」

これを今でいうと全肯定、プラス思考というのだろうか。

よくわからないが、こうした母の言葉に僕は妙に納得していた。そのおかげで落ちこぼれではあっても、自己肯定感は保たれていたように思う。

18 東京タワーの見える街で

「はじめまして中津出身の永松茂久です」

「緒方です。よろしくね」

白髪の紳士との最初の出会いは六本木のとある有名な中華料理屋でのランチだった。


僕は大学生になり東京に出たが、たこ焼きの夢を応援してくれる人にはなかなか出会えなかった。

東京はもっとチャンスにあふれたすごい場所と思っていたが、当然、そんな一地方の若者の夢を応援してくれるほど優しくはなく、僕の目にはそんなに魅力的には映らなかった。

あっという間に大学生活も中盤を過ぎようとしていた夏。

一緒に遊んだ仲間も、夢を語った仲間も、目の前にある現実に焦りを感じはじめたのか、髪型を変え、リクルートスーツに身を包み、次々と就職活動をはじめていた。

その頃の僕はボロボロのジーンズをはいてロン毛の茶髪にピアス、大学のキャンパスのベンチで、人間ウォッチングをすることが唯一の楽しみだった。

「みんなおつかれさま。仕事決まった？」

たまに大学で会う仲間たちに聞くと、みんな口を揃えてこう言った。

「しげ、そろそろ人生真剣に考えたほうがいいよ」

「オレ、考えてるよ。大阪に行ってたこ焼き屋になるんだ」

そんなある日、地元の父から一本の電話がかかってきた。

「東京に緒方先生っていうすごい人がいる。その人のところへ遊びに行って、夢の相談に乗ってもらってきな。もうお願いはしてるから」

「場所はどこ？」

「六本木だ」

六本木。この会話に僕は鳥肌が立った。

中津で友人と東京行きの上京計画を話していたときのこと。

「ところで東京って言ってもどこに行けばいいんだ？」

「東京って言えば六本木じゃない？『東京ラブストーリー』もロケってあそこらへんらしいよ。この前テレビでやってた」

当時は『東京ラブストーリー』が日本中の若者の恋愛バイブルになっていた頃

だった。

「それにさ、よくテレビの終わりに懸賞の住所で六本木って言ってるじゃん。テレビ朝日のやつ」


当時、テレビでは番組の最後に懸賞を募集するコーナーがあった。

「この懸賞の宛先は、東京都港区六本木〇－〇〇番、テレビ朝日懸賞係まで」

昭和50年代生まれまでは、この台詞を無意識に覚えている人はいると思う。

いずれにせよ場所はその六本木。


――東京にはすごい人がたくさんいるからスポンサーになってもらおう。――


友と語った夢が動きはじめるような気がしていた。

「このままではこいつは本当にたこ焼き屋になってしまう、早いうちに就職させなければ」

と心配する父のシナリオにハマっていたことも知らずに。

父に言われるままに僕は六本木の指定の『新北海園』という中華料理屋に行った。

六本木駅から飯倉片町交差点に向かう道中、僕は生まれて初めて東京タワーを見て感動したのを昨日のことのように覚えている。

しかし、結果的には、そのときの出会いがたこ焼き屋になるための近道になった。

19

就職活動歴30分

席に座る僕にその紳士は開口一番こう言った。

「君の夢はなんだい？」

いきなり来た。しかし僕も怯まずに、胸を張って答えた。

「たこ焼き屋です。やりたいというよりやるんです」

するとまったく予想しなかった答えが返ってきた。

「よしわかった。うちに働きにおいで。就職すればいい」

「？？？？？？？」

僕はなんでそう言われたのかがまったくわからなかった。

その紳士は同じ中津市出身で、イトーヨーカドーやダイエーをはじめとする日本を代表する企業に焦点を当て、流通ジャーナリストとして活躍していた緒方知行先生。

「オフィス２０２０」という出版社の経営者であり、また講演活動家としても有名な方だった。

出版社とたこ焼き屋。どこからどう考えても何の接点も見出せない。

困惑する僕に話してくれた先生の30分のメッセージは、僕の心を揺さぶるのには十分すぎた。

こうしてまったくといっていいほど道筋の見えていなかった僕だったが、わずか30分で就職が決まったのだった。たこ焼き屋を探すのはいったん置いておいて、出版社の社員になることになった。

就職が決まったものの、僕の夢には時間がなかった。勉強させてもらえるなら1日でも早いほうがいい。というこことでまずはアルバイトとして「2020」に入った。それは大学3年の秋だった。

出版社には大きく分けて2つの仕事がある。1つは編集。そしてもう1つが営業。

「ジャーナリズムの醍醐味は編集だ」

先生のその言葉から僕は編集の使いっ走りとして、約1年半、テープ起こしや取材のかばん持ちを卒業までやらせてもらった。

ただ、就職するにあたって1つだけ気になっていたことがあった。それは、「商人の勉強をするために1円でも稼ぐ仕事がしたい」ということ。

新入社員という駆け出しの分際だったが、僕は先生に頼み込んで営業の仕事をさせてもらえるようになったのだった。

20 遠回りの中で見つけた近道

当初の計画とはまったく違う方向に進み、夢に対して遠回りしているように見えても、そこで「俺、案外近道をしているな」と思うようなできごとにあった。

スポンサー探しがメインの目的である東京進出計画。

その中にどうしても会おうと決めていた人が2人いた。

1人はたこ焼き屋のおばちゃんが、わざわざ広島から取り寄せてまでこよなく愛していたソース、オタフクソースさん。その中でもとりわけ力を持ったポジションの人。

そして、もう1人は『たこやきの正しい食べ方』（ごま書房）という本を書いて、〝宇宙でただひとりのたこ焼きスト〟として、たこ焼き業界の中では知らない人はもぐりだと言われる、熊谷真菜さん。

大学生の頃からどうにかして、このたこ焼き業界の二大傑物に会いたいとは思っていたものの、チャンスもルートもなかったのでとりあえずそのままにしていた。

21 オタフクソース

出版社は先生の弟さんが忙しい先生に代わって社長をしていた。

社員には変わった経歴の持ち主がけっこういて、作家であり冒険家として有名な、椎名誠さんの子分の小安さんという人が編集長、そして社長と吉田さん、新入りの僕の3人が営業担当だった。

1999年4月1日。

この日、新社会人になった僕のために、営業とはなんたるかを教えるオリエンテーションが開催された。

そのとき事件は起こった。

初めて手渡されたクライアント表。その中に僕にとってひときわ輝く名前があったのだ。

オタフクソース株式会社　担当窓口：東京支店長　佐々木茂喜

「社長、僕をオタフクソースさんの担当にしてください！」

突然大きな声でクライアント担当を申し出た社会人1日目の僕に、社長と吉田さんはポカンとしていた。

当時、オタフクソースは地元広島での絶対的な地盤をつくりあげ、全国展開の拠点として東京に進出してきていた。そのときの特攻隊長が佐々木茂喜さんだった。佐々木さんは現在、オタフクホールディングスの社長にまで登りつめ、本拠地広島で大活躍されている。

担当挨拶ということで僕は佐々木さんにアポを取り、門前仲町にあるオタフクソース東京支店を訪ねた。

営業担当としての挨拶もそこそこに、気合いを入れていきなり本題に入った。

「佐々木支店長！」

「茂喜さんでいいよ」

あ、なんかこの人って気さくな人だ。そう嬉しくなった僕は、

「じゃあいきなりこう呼んで失礼かもしれませんが、茂喜さん。実は僕、たこ焼き屋になりたいんです。東京に来た理由の1つはオタフクソースさんに会いたいってのがありまして、2020のクライアント表に載ってたから担当にしてもらったんです。茂喜さん、僕、たこ焼き屋になりたいんで力を貸してください!!」

渾身の力を込めて頭を下げた。

しかしその瞬間、下げた頭の中で、今までさんざんまわりからバカにされてきたトラウマがよみがえってきた。

神様お願い、僕の夢をもうこれ以上踏んづけないで――。そんな感じだった。


「頭を上げなよ」

おそるおそる顔を上げると、茂喜さんが僕に握手を差し出していた。

「いい夢じゃないか。がんばれ。私にできることならなんでも力を貸すよ」

茂喜さんの言葉に僕は思わず両手で握手を返した。

そして狭いたこ焼き業界、茂喜さんのツテで、僕は熊谷真菜さんとも仲良くなることができた。

22　たこ焼きの本をつくろう

新米営業小僧としての仕事を覚えながら、そのかたわらでオタフクソース通いの日々がはじまった。茂喜さんはいつも僕の夢物語を楽しそうに聞いてくれた。

オタフクソースさんのすごいところは初代社長の教えである、

「ソースを売る前に、まずたこ焼き、お好み焼き文化を広めよ」

を実践しているところだった。

たこ焼き屋、お好み焼き屋さんになりたいという人のために無料で研修をやっていたので、いつも事務所の下にある研修センターには人があふれていた。僕もその中にちゃっかり混じって指導してもらった。

「茂久、俺な、この文化の普及にもっともっと力入れたいんだよ」

茂喜さんのこの言葉にピンときた。

「喜ばれる人になりなさい」

母の言葉によって生まれたレーダーが反応したのだ。

熊谷真菜さんは作家もこなす文化人、茂喜さんはその文化の応援企業人、そして運良く僕は出版社勤務。

急いで事務所に帰って徹夜で企画書をつくりあげた。

「茂喜さん！　２０２０の雑誌の付録で、本をつくりましょう」

こうして茂喜さん協賛、熊谷真菜さんプロデュース、発行発売オフィス2020（担当永松茂久）のチームで、たこ焼き業界の支援本である『たこ焼きビジネス繁盛学』を完成させた。

23 日本一のたこ焼き屋さんとの出会い

この企画はいろんな角度からたこ焼きにフォーカスを当てようということだったので、取材のメインステージは、たこ焼きのメッカである大阪だった。

しかし、企業として取材対象に茂喜さんが推薦したのは、なぜか群馬出身のたこ焼き屋さんだった。その会社は「ホットランド」。

「築地銀だこ」というたこ焼きを群馬で生み出し、東京進出してきた新鋭のたこ焼きチェーンだった。

取材では、社長をじきじきに指名させていただき話を聞かせてもらった。

佐瀬守男さん、当時36歳。

バリバリだが、どこかその中に温かさを感じさせる若手社長さんだった。


取材を終え、その頃にはお約束になっていた僕のたこ焼きの夢トーク。

すると佐瀬社長が思わぬことを言った。


「君、面白いね。銀だこに入りなよ」


そうなると思っていなかった僕は正直とまどった。

なぜならたこ焼き屋の社員になりたかったわけではなく、自分でたこ焼き屋をつくりたかったからだ。

「いや、いいです。僕は自分でやりますから」

「永松くん、ノウハウは必要だろ。だったらうちで勉強してから自分で独立して、たこ焼き屋になればいいだろ」

たしかにその通りだと思った。

こうして僕は半年後、お世話になった「2020」を退社して「銀だこ」に行くことにした。

その当時の「銀だこ」は、まだはじまったばかりの急成長ベンチャー企業で社員もみんな若く、全国制覇を目指すエネルギーは途轍《とてつ》もないものだった。

そのエネルギーに違わず、「銀だこ」はあっという間に日本一のたこ焼き屋になったのだった。

今や銀だこは東証一部上場の超名門企業になったが、その当時から佐瀬社長の口癖は

「**どれだけ大きくなっても、たこ焼きの向こうにあるものから目を離すな**」

だった。

これはつまり、たこ焼きを食べる人の笑顔を絶対に忘れないということだった。

言い方こそは違えど、この言葉の中にも、母が幼い頃から僕に言い続けた

「喜ばれる人になりなさい」

が心に響いてきた。

24 ドヤ顔母さん

今振り返ってみても、僕は人生の師匠や先輩に本当に恵まれた。

出会い運の良さだけは日本でトップレベルかもしれないと思う。

こうした人生の先人に学んだことをここで書くと、ページ数が足りなくなってしまうので、それはいつか別の本で書きたいと思う。

講演や本を読んでくれた読者さんから一番多い質問の1つが
「これまでの先人たちの教えをシンプルにまとめるとどういうことですか？」
というもの。
以前はまとまらなかったが、今ははっきりと言える。それは

「喜ばれる人になりなさい」


ということだった。それまで出会った人生の先輩たちが教えてくれたこともすべてこの言葉に帰結する。

「大きな夢を持て」

「行動せよ」

世の中にはたくさんの成功法則がある。

しかし、僕にいろんなことを教えてくれた人たちは、多少言い方を変えはするものの、結局は「喜ばれる人になりなさい」と同じことを言う。

そしてそれは幼い頃からの母の口癖でもあった。

社会に出てからというもの、東京でいろんなことを学んでいる僕に電話してきて、いい出会いがあったたびに決まって僕に聞いてくるのが習慣になっていた。

「茂久、今回の社長さんからの学びはどうだった?」

「変わらず『喜ばれる人になりなさい』だった」

「ほらみなさい。私が言っていることと同じでしょ」

「いやいや、そもそも伝え方もわかりやすさもレベルが違うし」

「それは当たり前でしょ。私はプロじゃないんだから。でもあんたがわかってくれてよかった。本当におかげさま。感謝、感謝」

と満足げに電話を切る。

そうやって毎回なぜ母がドヤ顔をするのかは理解不能だったが、たしかに先人たちの言葉の中に、母が言っていたことをどこかで再確認していたようにも思う。


銀だこの急成長のドタバタの中で僕はたくさんのことを学ぶことができた。

初めての本格的なたこ焼き屋はとても刺激的で楽しかった。

しかしその頃、僕の頭の中では自分のたこ焼き屋構想がいっぱいになってあふれ出してきていた。

そして、いよいよ独立を決意――。

「東京にスポンサーを探しに行く」

その目的で僕は東京に行った。

もしあのとき、大阪に行きたこ焼き修業をしていたら、僕の人生はまったく違ったものになっていたと思う。

それは大阪が悪いという意味ではない。もちろん大阪に行ってもそれなりの未来はあったとは思う。

しかし、東京に行ったことで、僕は出版社に就職し、そのときの出会いで銀だこというたこ焼き屋の本部スタッフになり、修業することができたおかげでたこ焼き屋として独立することができたのだ。

そして今こうして本を書くことができているのも、東京に行くことができたおかげであることは間違いない事実だ。

「次は武器を持ってこの街に出てきます。そしてそのときはあなたの上に登れる人間になります」

僕は東京タワーの中に入らず上を見上げながら挨拶し、中津に戻った。

こうして青雲の志を立てて帰郷した僕を待ち構えていたのは、そんな甘いものではなかった。そのときの僕はたこ焼きビジネスのノウハウのすべてがわかったつもりになっていた。

たこ焼き屋を志して15年目。25歳の秋だった――。

第3章

応援母さん

25

商人になるための大きな壁

「帰ってきたか。よし、まずは後継ぎとしての心構えからだな」

「ちょ、ちょっと待ってよ。俺はたこ焼き屋になるために帰ってきたんだよ」

「なんだって？」


父は、てっきり僕が家を継ぐために中津に帰ってきたのだと思っていたらしい。親としての青写真があったらしいのだが、その息子が帰ってきたとたん「たこ焼き屋になる」なんて言い出したもんだから、我慢ならなかったらしい。

しかし僕には自信があったし、コツコツ貯めた資金もあった。

どんな反対があってもやるしかない。

曽祖父に習ってリヤカー1台からでもはじめればいい。

それでも立派な一国一城の主にかわりはないんだ。

そんな父と対照的に母のスタンスは「あなたがやりたいことを自由にやりなさい」だった。

もともと何かとにぎやかな永松家ではあったが、そのときばかりはかつてないくらいのお家騒動が起きてしまった。

くる日もくる日も親子げんかの繰り返し。冷静に話せばいいものを、父も僕も意地のぶつかり合い、いつもお互い引っ込みがつかなくなってしまう。

「たこ焼き屋など絶対許さん！　どうしてもやると言うなら出て行け！」

「わかった。それじゃ、出て行くよ。どこかでリヤカーでたこ焼き売ってる姿見たら、1個くらい買ってね」

リヤカーでたこ焼き屋をつくり、商店街の中でひとパック100円で試験操業をはじめた。

くる日もくる日もたこ焼きを焼く僕の姿を見て、父はやっと僕が真剣なんだと悟ってくれたらしい。

「わかった。そこまで言うなら、3年だけ時間をやる。それでダメだったら後継ぎしろ。とりあえず営業許可書もないし、アーケードだと匂いもこもるから家で実験すればいい」

父は譲歩してくれたのだが、僕にとってはそうではなかった。

「よし！　3年で答えを出そう！」

夢は目の前で現実になろうとしていた。もう前に進むことしか考えていなかった。

26
ベランダたこ焼き研究所

「母さん。悪いんだけど、家のキッチン貸してくれないかな。あと焼けるとこ」

「わかった。実験にうってつけの場所があるよ」

母は自宅のベランダを提供してくれた。

「たこ焼きの煙で大変なことになるから」

という理由で、家の中でやるなということだった。

ただ、雨風だけはしのげるようにと、さりげなく父が屋根をつけてくれていた。

こうして簡易たこ焼き研究所が完成。そこに特注の焼き台を運び入れ、たこ焼き作りがはじまった。

研究の結果、僕のオリジナルメニュー〝ヘルシーたこ焼き〟が完成した。添加物は一切使わない。とにかくヘルシーさがウリの自慢の新メニューだった。

「銀だこで勉強してきたたこ焼きはつくらないの?」

たこ焼き研究所でたこ焼きを焼いている僕の横に、母がやってきて言った。

つくろうと思ったらある程度似たものがつくれるのはわかっている。レシピを知っているんだから。

しかし、僕は自分の力で生み出したたこ焼きで勝負したい。だから絶対につくりたくなかった。

何を思ったのか、母は「それじゃ、試食会をやろう」と提案してきた。1つは僕の自慢の〝ヘルシーたこ焼き〟、もう1つは修業してきたものを即興で真似た〝銀だこ風たこ焼き〟。試食会の参加者はぴったり10人だった。

「どっちがうまい？」

固唾を呑んでみんなの顔を見ていた。

僕にはひそかな自信があった。〝ヘルシーたこ焼き〟が勝つ。そう思っていたのだ。時代はヘルシー志向に向かっているのだから勝つに違いない。そう信じていたのだ。

みんなが食べ終わり、結果発表。

6対4で惜しくも負け、なんて、それくらいならまだ格好もつくのだが、なんと実際は10対0。

〝ヘルシーたこ焼き〟は完敗した。コールド負け。

何も言わずにみんなが食べるのを見ていると、〝銀だこ風たこ焼き〟のほうはかたっぱしからなくなっていく。

「これうまいな。茂久、よくがんばってつくったな!」

というほめ言葉が聞こえてくる。一方の自信作〝ヘルシーたこ焼き〟はというと、「こっちは普通だな」と言われいつまでも皿の上に残っていた。

みんなから、〝銀だこ風たこ焼き〟を前に「このたこ焼きならいけるぞ!」と言われた。喜んで食べてくれるみんなの顔を前に、まったく笑えない僕がいた。

27

我を抜きましょう

その後の父との会話で、僕の商人そして著者人生の中で忘れることができない、大きな気づきをもらうことになる。

試食会の大敗の後もせっせとたこ焼きを改良し続ける僕に、ある日父がこう聞いてきた。

「お前どうするつもりだ」

「負けちゃったけど俺は〝ヘルシーたこ焼き〟でいくよ。自分のたこ焼きで勝負したいから」

「そうか。じゃ、お前、もう仲間に声かけるのやめたほうがいいぞ」

その頃すでに、オープンしたらたこ焼き屋を手伝ってくれるという仲間がいた。

「あいつらとじゃなくて、お前1人でやれ。それなら俺は安心だ」

「なんで？」

「お前は自分が喜びたいだけだろ。みんなあのたこ焼きを喜んで食べてくれている。お前が修業してきたたこ焼きをな。あれは俺も売れると思うよ。でも、それを商品にしないっていうのは、お客さまの求めるものよりも、自分のこだわりを押しつけて、お前が喜びたいってことだよ。お前がやりたいなら勝手にやればいい。でも、それなら人を巻き込むな。それなら文句は言わないよ」

「あなた、もうちょっと優しく言えばいいのに」

そうだ。モノには言い方ってもんがあるだろ。

母さんが言うようにもっと優しく言ってくれればいいのに。

ふてくされる僕に対し、さらに親父は追い討ちをかけるように言った。

「商人をなめるんじゃない！　商人てのは売っただけじゃなく、働いてくれた人た

ちに給料も払っていかなきゃいけないんだぞ。本当にお前が商人なら、10対0で勝ったほうのたこ焼きでいくはずだ。まずは自分が儲けて、自分の生活ができるようにして、そこからスタッフだろ。でも、もう手伝ってもらうことが決まっているなら利益を出すしかない。それをもう1回考え直してみたほうがいいぞ。〝我〟ってのは商人の大敵なんだぞ」

ぐうの音も出なかった。

商人の先輩として言ってくれた父の言葉に反論できるところなんて、まったくなかったからだ。

「茂久、あれはお父さんの言うことのほうが正しいと思うよ」

「母さん、どっちの味方だよ」

「まあいいわ、自分で考えなさい。ここはあんた自身で気づかなきゃ前に進めないだろうから。じゃあ寝るね」

こういうとき、母は意外とスパッと切り離す。

悩みに悩んだ結果、勉強させてもらったたこ焼きで商売をはじめようと決めた。「銀だこ」の経験があった僕は、たこ焼き屋のビジネスノウハウをすべてわかったつもりになっていた。

しかし実際には、お客さまが喜ぶものに焦点を合わせることを無視していたことに気がついたのだ。

自分の勘違いに気づかされ、僕はこのとき初めて、「我を抜く」ということをちょっとだけ勉強させてもらった。

それは2001年1月のことだった。

28

板挟み母さん

何かを創業するということは、イコール我が家にとっては父と僕の戦いの歴史といってもいいと思う。東京から戻ってからというもの、父と僕は顔を合わせれば言い合いになっていた。

母いわく、現役の実業家の父から見ると、僕自身が危なっかしいところだらけに見えると言っていたようだった。

逆に僕の立場からすると「たこ焼き屋をやったことがないし、俺が立ち上げてる事業なのに、なぜ上からモノを言うんだ」という気持ちだった。

しかも僕は自分でお金を貯めていたので、その範囲内で商売をはじめるつもりだった。

「父さんからお金を借りるくらいなら商売をしない」と母に言いきっていた。

結果的に僕が頭を下げることになるのではあるが、そのときは「とにかく石にかじりついてでも自力で成功してやる」と思っていた。

おそらくこの状態は、会社の初代と二代目などの後継者の間のいさかいとしてよくあるケースだと思う。

母は何かにつけベランダに顔を出し、僕を応援してくれたりアドバイスをくれる。行き詰まったときは黙ってたこ焼きを焼く僕の隣に座り、たこ焼きができあがる工程を眺めてから部屋に戻る。

そしてバトルはたこ焼きの片づけが終わり、晩ご飯になるときに必ず勃発する。父も僕も何かあれば言い合いのスイッチが入る、そんな状態だったと思う。

特にたこ焼き創業のときは、僕自身のほうが経営のことをまったくわからないのに、父のちょっとしたアドバイスに自らかかっていき、ケンカがはじまるという構図だった。

ここから何度も新店をつくっていくのだが、そのたびに、母が「2人の間に挟まれたくないから事業展開なんかしないで」といつも言っていた。

「茂久、あんたはなんでお父さんにいつも食ってかかるの？」

「うるさいから」

「でもほとんどお父さんが言ってることが正しいよ」

「俺が間違っててもいい。自分の責任でやる」

「あんたはまだまだ小物だねえ。器が小さい。私ならお父さんの力を借りながら上手にやっていくけどなあ。今のままじゃあんたはお父さんの器を超えることができないだろうね。まあいいや、とにかくケンカはもうかんべんしてよね」

小物……。器が小さい……。

母は狙ってかどうかはわからないが、男の心を「ポキッ」と折る表現をよくする。「間違ってる」とか「正しくない」と言われるなら聞き流すことはできるが、「小物」とか「器が小さい」という表現は、男として一番言われたくない言葉の1つだと思う。それで僕が奮起するというような優しい理由ではなく、本当にそう思っていたのだと思う。

たしかに父は先輩経営者であり、成功者かもしれない。「私のジャッジは公平だから」とよく枕詞をつけていた。母とすれば「もっと上手にやりなさい」ということを言いたかったのだろうが、僕にとっては、戦いになると母も父側につく敵に見えてしかたなかった。

こうしたやりとりの中、たこ焼き屋の店名とコンセプトが決まった。

共にたこ焼き屋をやろうと約束したが、17歳で天国に逝った1つ歳下の友に贈る願いを込めた店名にした。

天までとどけ。第1章

「日本一のたこ焼き屋になる」
これが君との約束だった
口に入れたらパリッ、トロッ
無限に広がる小さな宇宙が大好きだった

十八の夏　君は星になり　僕はひとりで旅に出た
時がたち、かつてのたこ焼き小僧はたこ焼き屋になった
僕は今　新しい仲間たちとここにいる

人と出会い　人を愛する豊かな心をおしえてくれた
たこ焼きに感謝しつつ

今度はこの味を大切な人たちへ
とどけていきたい
そしてこの願いが天までとどきますように。

店名は、天までとどけ。

縁起がいい名前ではあったが、味と共に実はもう1つの大問題を抱えていた。そのときまだ、商売をする物件が決まってなかったのだ。スーパーを訪ねてはいつもこんなやりとりをした。

「物件を貸してください」

「ところでキミはいくら売るの？」

「1日20万円売ります」

「その根拠は？」

「僕を信じてください」

そんなことを言っても誰も信じてくれるはずがない。現実は厳しかった。

29
とりあえずプロっぽく

テナントがダメなら催事があるじゃないか——。

ここで僕は方向転換した。たこ焼きセットを使って、催事をはじめようと考えたのだ。

そんなとき、何度も足を運んだ、中津市で有名なあるスーパーの店長が僕の思いを聞き入れてくれ、

「催事ならやってみれば？」

と、チャンスをくれた。本契約ではなかったけれど、こうしてなんとかたこ焼き

を売らせてもらえるようになった。

2001年3月4日。

さっそく催事セットを組み立て、たこ焼きの焼き台を突っ込んで、建て込み作業を朝早くから行なった。昼前に建て込みを完成させ、僕らは家に戻り、翌日5日のオープンに向けてミーティングをはじめていた。

そんな僕たちの様子を見た父からの一言に僕はカチンときた。

「お前、何やってんだ？　1円でも早く稼げよ」

またしても父の言葉に奮起させられ、翌日を待たずに4日の午後からたこ焼きを売りはじめた。

このときのスタッフの1人は、すでに「銀だこ」で修業をしてきていたため、仕事の仕方は心得ていた。

たこ焼きを焼ける2人と、結婚したことでいきなり若女将になってしまった僕の妻・寿美、そしてたこやネギを後ろで切ってくれている母の計4人で、「天までとどけ。」の営業ははじまった。

これが予想を超えて大繁盛。お客さまの大行列がとぎれず、閉店時間までずっと売れ続けた。

正直なところ、僕はそんな状況になるとは思っていなかった。てんてこまいの僕らの姿をたまたま見物にやってきた僕の弟・幸士を巻き込んで働いてもらった。

「どうすりゃいいの？」

いきなりでとまどう幸士。

「たこを切って、その後、袋から紅しょうがを出しといて」

と言う母。

「とりあえずプロっぽくやってくれ！」

と言ったままほったらかす僕。

今思えば、遊びに来ただけのド素人を店に入れてプロっぽくもへったくれもない。

しかしそんなことは言ってられなかった。

こうして様子を見に来た友達や関係者は次から次へと巻き添えをくらい、いきなり千枚通しを渡され、たこ焼きを焼かされ続けた。今振り返っても、まったくとんでもないスタートだった。

30 仕事場をつくりましょう

生活はその日その日が本当にエキサイティングだったし、売り上げもどんどん上昇して順調だった。

しかしこの後、僕は2つの大きな問題に直面することになる。

その1つめの問題は「天までとどけ。」がオープンして数カ月ほど経ったときにやってきた。

人間は成長する。成長すれば1人のできることが増えて人手がかからなくなる。その結果、人手が余ってしまうという事態に陥った。

このままの人数では人件費がかかりすぎてしまう。だからといって、みんな僕の夢に集まってくれたスタッフを辞めさせるわけにはいかない。解決策は働く場所をつくるということしかなかった。

「こいつらを食わせていくためにはどうすればいいんだろう……」

創業の感動なんて一気にどこかに吹っ飛び、いきなり経営者としての仕事をせざるを得なくなった。

「何か違うんだよな……。俺は、たこ焼きを焼いてお客さまに届けたいだけなんだけどな」

そんな本音を飲み込みながら、僕は次の売り場を探す旅に出た。

そんなある日、母の友人からバザー出店の話をいただいた。

当日、僕はボロボロの軽バンにたこ焼きセットを積み、バザー会場の近くの仕出し屋のキッチンを借りてたこ焼きを焼いた。その日は母がアシスタントとして手伝ってくれていた。

せっせとたこ焼きを焼いていると、その母の友人のおじさんに「君、こういう移動販売ができるのか？」と聞かれた。

「やったことはないけど、たぶんできます」

「じゃ、大分市内で一番元気のいいスーパーを紹介してやろうか。たつみちゃんの息子なら信用できるから」

「あ、ありがとうございます。がんばります！」

こうして僕は、新たな移動販売のきっかけをつかんだ。

トラックを安く借り、そのまま催事セットを積み込み、たこ焼き台を持って、いつしか長崎や福岡、鹿児島まで行くようになっていった。

31 お金がない！

もう1つの問題は資金繰りだった。

スーパーの支払いは「末締めの翌月末払い」というのが一般的。それは僕が契約していたスーパーでも同じだった。

たとえば、4月の売り上げが入ってくるのは5月31日になる。僕はそういう初歩的なことを忘れていた。

「もう大丈夫だ。お金が入ってくるから食っていける」

そう思い込んでいた僕が勘違いに気づいたのは1カ月ほど経ったときだった。

すでに僕は創業資金で、それまでに貯めたお金をすべて使い果たし、すっからかん状態。

アルバイトの給料・材料費・その他の必要経費……、翌月末の支払いまでの運転資金などあるはずがなかった。

創業1カ月にして商売が成り立たなくなるという窮地に追い込まれてしまったのだ。


「あんたどうするの?」

「銀行から借りる」

「そんな簡単にいくわけないじゃない」

「でもどうにかするしかないし」

母の心配に僕はぶっきらぼうに答える。

「ひとり、頼りになる人がいるじゃない」

「そのひとりは死んでも嫌だ」

「そう。じゃあ死ぬしかないね」

「すみません。お金貸してください」

結局、僕は最後の頼みの綱である父に頭を下げた。背に腹は変えられない。いったん降伏だ。

「はじめて1カ月で資金ショートって、お前はアホか」

「はい、アホです。ですから貸してください」

「貸してやってもいいけど条件がある」

「……なんですか？」

「お前は経営者に向いていないから、経営権を俺が買おう」

嫌味を言われるとは思っていたが、まさか経営権とは。

のちのちあれは「お前の経営者としての覚悟を試すつもりだった」と父は僕に教えてくれたが、さすがにこのときは焦った。

母の仲介で経営権はそのままで結局僕はお金を借りることができた。

しかし、どうしても据わりが悪かったので、経費と給料をけずりまくり、3カ月もせずに返した。

こうしてまた商人としての立ち上げにあたり厳しい洗礼を受けることになってしまったのだ。

32／業態変更

人手が余ってしまったこと、資金繰りが行き詰まったこと——。

この問題はどうにか解決した。しかし数カ月が経った頃、僕はもう1つの致命的な欠陥があることに気づいた。一見繁盛しているはずなのに、なぜかほとんど利益が残らなかったのだ。

お金が減ってはいないけど、増えてもいない。ほとんど数字が変わらない。妻の寿美がお金の管理をしていたのだが、それに気づいて、初めて税理士さんに試算表というものを見せてもらった。それまで僕は、見てもわからないという理由でまったく見ていなかった。

儲かっているのか、いないのかすら見ていなかったのだから、商人としては失格だった。

ここでわかったのは、売り上げを100パーセントとして、うち原価が40パーセント、人件費が30パーセント。さらに賃料が売り上げの20パーセントの歩合制だったから、1日40万円売ったら、1日8万円が賃料として引かれる計算になる。そうなると残りは10パーセントということになる。

今月は400万円売った。よくがんばったな、と思っても、利益はたったの10パーセントだから、単純に計算しても40万円しか残らない。これも移動するときの交通費や滞在費などの経費などでほとんどなくなってしまう。

売っても売っても、これでは何も残らない。運良く利益が出たとしても、何か予想外のトラブルですぐに吹っ飛んでしまう。

「いつまでもこんなことばかり続けていられない！」

そんな思いから、２００２年4月、いよいよ僕は「たこ焼き屋本店計画 in 中津の路面店」を発案した。

たこ焼き屋をやるくらいのスペースだったら、中津の路面店だったら、どんなに高くても月10万円くらいで借りられる。

10万円といったら催事をやっていた売り上げの1日分ちょっとだ。

「これならいける！」

これまで何も考えずにむちゃくちゃ高い賃料を支払いながら店をきりもりしていた僕にはやれる確信があった。

しかし何より大きなきっかけとなったのは、テイクアウト店では果たすことがで

きなかった、

「**お客さまの食べている顔を見たい**」

という思いだった。

33　逆襲の揺さぶり

まず考えたのはアットホームで、オシャレで、感じのいいたこ焼き屋。

ぼんやりとその店のイメージを浮かべながら、僕がまず地元の女子たちに集まってもらい、「どんな店があったらいい？　食べに行きたい？」というところからリサーチをはじめた。

多かった意見は、

「スタッフが親切」

「オシャレで入りやすくて、ゆっくりできる」

「駐車場がある」

という3つだった。簡単に言うと、人・雰囲気・駐車場だ。

逆にそこからイメージして、物件を探していったがなかなか見つからない。「いいな、この物件」と思うものに出会っても、誰かがちゃんと店をやっていて繁盛している。


そんなときにふと思い出した場所があった。

「俺、そういえば催事セットを収納する倉庫を1つ借りてたな」

その場所を借りることができないかどうか交渉するため、僕は父に「ここの大家さんに会わせてほしい」と頼んでみた。

「会いに行って何するんだ?」

「いつも貸してくれてありがとうございますって、お札を言うんだよ」

「いいよ。大家さんには俺が言っとく」

ふだんなら、「大家さん、業者さん、お世話になっている人には、絶対挨拶に行け」という人が俺から言っとくというのは何かヘンだな、と思っていた。

そんなある日、とある不動産屋に「お前の親父さん、本当にいい場所買ったな」と声をかけられた。

大家さん見つけ。その正体はまさかの父本人だった。

僕がタダで借りていた倉庫のある450坪の土地は、父が母に内緒で買った土地だったのだ。

こうなったらやることは1つしかない！

「父さん！　絶対に母さんに言わないから、あの土地を僕に貸して！」

半ば揺さぶりをかけながら頼み込んだ。

「お前、そんなこと言って、ちゃんと賃料を払えるのか？」

強烈なダメ出しをしない。それどころかかなり弱気。

「俺、今たこ焼きで賃料を毎月１００万円近く払ってるから大丈夫。楽勝」

「そうか……」


こうなったら相手が弱っているうちにたたみかけるしかない。僕は電光石火で事業計画書をつくり父に提出した。「今、こんなに賃料を払ってるから、これで賃料と建物の返済費に当てても十分利益は上がる」というプランをとうとうと語った。弱みを握られたので、父はあまり反対しない。「無茶すんなよ」と言うくらいだった。

こうして僕は、母に内緒で、父と子の極秘賃貸契約を交わすことに成功した。

こうしてまずはじまったのは図面の作成。しかし、僕は図面なんか一度も引いたことはない。

「どんな建物にするんだ？」

「何屋にするんだ？」

あれこれ質問されても「客席付きのたこ焼き屋」としか答えられない。すると、

「居酒屋にするなら、やっぱりドリンクがあったほうがいいよね」

「団体が入ったらどうすんの？」

みんなが積極的に意見を出しはじめ、最初は10坪くらいの建物でいこうと思っていたイメージが20坪になり、30坪になり……。みんなの大きな夢を盛り込んだら、建物まで大きくなっていた。

それに合わせて、投資金額が当初の計画の7倍近くまで膨らんでいた。

しかし、僕はそれほど心配してなかった。父もだんだん楽しくなってきたのか、

一緒になって「茂久、やっぱり、ここの客席はこれだけ入ったほうがいい」とか言っている。借金の保証人くらいにはなってくれるだろうと思っていたからだ。

そして結局、意見がまとまったのは1階が40坪、客席が60席の大きな店だった。どうせならたこ焼きだけでなく、他のダイニングメニューもやってしまおうなんていう話にまでなっていた。

34 男前母さん

さて、ここまで建物のことで夢は膨らんでみたものの、今度は先立つものが必要になる。資金だ。

たこ焼き屋を起業した3年前にくらべ実績も出してきたので、「保証人がいれば銀行で楽勝で借りられるだろう」と思っていたら、「保証人と担保を」という思わぬ言葉が降ってきた。

こうなるとまた父との駆け引きがはじまる。いろんな角度から父の土地を担保にしてお金は僕が借りるという交渉をやっていた。

この時期、家の中は昔あった投資番組である「マネーの虎」状態だった。

「マネーの虎」は成功した経営者の前で、これから起業する若者がプレゼンをし、その起業プランに見込みを見つけてもらえると投資を受けることができる、という番組だった。

ただ、その番組中、虎たちが投資することはほとんどない。それどころか心を折るくらい事業の甘さを叩きのめすシーンもある。

家の中がそのプレゼン状態になるのだ。

「甘い」「これじゃまだまだだ」と何度も資金計画をつっかえされる。

父としてはそれが教育のつもりだったし、僕も「くっそー今度こそ」とけっこうそのやりとりを楽しんでいたのだが、その様子をはたで見ていた母が、ある日突然こう言い放った。

「お父さん、ずっと見てるけどあまりにもひどすぎます。これじゃいじめじゃない」

「いや、たつみ、違う。これはな…」

「うん、母さん、違うよ。あのね…」

「いえ、違いません。もういいです。茂久」

「はい」

今度は僕を見た。

「私がお金を出します！」

「え？？」

父とハモった。

そもそも母は自分のお店は好きだがお金にまったく頓着がない。

「私はこうして楽しく働ける自由があればいいの。お金のことはぜーんぶお父さん担当だから」

と涼しそうに言っていた母が突然こう言ったので、父も僕もびっくりした。一緒にいた弟の幸士と、僕の会社の経理をしていた妻の寿美も同席していたが、みんな驚いていた。

「た、たつみ、お前お金はあるのか?」

「あります。私だって働いているから半分権利はあるわよね。その中の半分を全部茂久に投資します。お父さん、お金を出してちょうだい!」

全員がこけそうになった。結局は父が持っている口座から出すということだった。

「いや…、母さん、あのね、父さんと俺はそういう話をしてるんじゃなくてね。あの、ここからの融資とか、大家さんに対する家賃交渉とかいろんな話を細かくしてただけでね…」

「お父さん」

「なんだ？」

「大家さんと茂久の家賃交渉は私が行きます。大家さんを紹介してください」

「いや、たつみ、あのな…。それは俺がやるっていうか、あのな」

答えられるわけがない。父自身が秘密の大家だ。

「親が息子の応援をして何が悪いんですか！　茂久、やるわよ」

「あ、はい」

母はどちらかというと天然だったが、怒ると結構激しい一面を持っていた。

祖父が曽祖父の養子に入り、母は1歳のときに松本姓になったが、もともと生まれたときの名前は祖父の名字を名乗っていたので「猪熊たつみ」だったという。猪と熊と龍と蛇。すごい名前だ。祖父か祖母かはわからないが、よくこの名前をつけたと思う。

それに加えて寅年の獅子座生まれで動物占いはオオカミ。動物占いがこじかの父とひつじの僕が勝つわけがない。

このよくわからない母の鶴の一声で、父は買ったばかりの「陽なた家」の予定地をしぶしぶ担保に入れて、僕の保証人になってくれることになった。こうして状況を何も知らない母の大ファインプレーのおかげで資金計画が整った。

35 笑顔が集まるもう1つの家

「あんたたち、たことキャベツとネギ以外切ったことない人間が、どうやって料理するの？」

「大丈夫、母さん。今の時代、なんでもある。冷凍でもいけるし」

心配する母を安心させるためにそう言った。

しかし僕には決めていたことが1つだけあった。それはなるべく冷凍に頼らないことだった。自分たちの手作り料理を出していきたかった。とにかく手間ひまだけはかけたかった。

研究しまくった末、なんとかメニューも決まり、建物の図面も決定した。建設も順調に進み出した。

ここから「天までとどけ。」のセカンドステージである「陽なた家」がスタートした。

天までとどけ。第2章

たこ焼き屋になった僕らは
鉄板をかついで西へ東へと走った
たくさんの人たちのたくさんの笑顔に出会った
ある日僕らは考えた
「もっと近くで笑顔が見たい　そうだ　食卓を作ろう！」
そして生まれた天，Sダイニング（天までとどけ。の食卓）
ぽかぽかした陽だまりの中で　大好きな人と過ごす楽しい時間
そこにはもうひとつの〃家〃がある
ここは笑顔の集う場所
ようこそ僕らの陽なた家へ

36 出会った人に感動を

「おつかれさま」

陽なた家のレセプションが終わり、店のテーブルに突っ伏している僕に、母がお茶を入れてくれた。

「ボロボロだったね」

「そうね。でも初めてはこんなもんじゃない？」

2003年5月12日、オープニングレセプションを終えた僕は、母と2人でお客さまとスタッフたちが帰った陽なた家にいた。

夕方の6時からはじまったレセプションは、お客さまを一度に入れすぎてしまい、料理もドリンクも詰まってしまったため、大パニックになってしまった。

後に営業をはじめたときにわかったのだが、お客さまはふつう時間帯がバラバラに来る。お客さまが一気に来て満席になるということはありえないのだが、レセプションをしたときにはその理屈がわからず混乱してしまい、「普通の飲食店の人はどうやってるんだろう?」と不思議に思いながら凹んでいたのだ。

「でもね、茂久、今日やったバースデーは名物になるよ。私、感動しちゃった」

たまたまだが、この日、オープニングメンバーの1人が誕生日だった。女性ながらとてもがんばり屋で、入社間もない頃からオープンまで全力でがんばってくれた彼女のねぎらいのため、厨房のすべてを止め、電気を消して全力でバースデー祝いをした。

これが大盛り上がりになり、レセプションに来てくれた人はみな、

「あのバースデー祝いは最高だった！」

と料理のことはまったく触れず、いただいた感想はその言葉ばかりだった。

主役の子はふいをつかれて大泣きしていたのだが、その彼女に抱きついてなぜか大泣きしていたのが母だった。

今、僕の手元には陽なた家レセプション時の初バースデー祝いの動画が残っているのだが、主役の隣で思いっきり泣いている母が映っている。


「母さん、あれはたまたまやったことだから、本番には関係ないよ」

「やりなさいよ。あれは絶対にやったほうがいい」

「ここ飲食店だよ？　そもそもあのイベントは効率が悪すぎる」

「効率の中から感動は生まれないよ」

「え？」

「たしかに効率的に料理を出すことももちろん大切なことだよ。でもね、非効率な

ことだからこそ感動するんじゃない」

たしかに。母がやっていた夢工房のラッピング、お客さまへの手書きの手紙、1人のためだけに起こす仕入れ。母の店は非効率だらけだった。

しかしその結果として、それに感動してくれる人たちが口コミを起こし、夢工房の名前はあっという間に広がっていった。その非効率商売人代表の母が言うことは、いっそ無視できなかった。

「人ってね、おもてなしをする側の気持ちってしっかり感じるのよ。『私1人のためにここまでしてくれたなんて』そう思ったときに感動が生まれる、そんなものなの。他のお店がめんどくさくてやらないことを一生懸命考えてみたら？　そもそもあんたたちたこ焼き以外ど素人なんだから、何かでお客さまにまた来てもらう努力をしなきゃ」

母のその言葉でオープン日からバースデーイベントをやってみると、その場にいたお客さまたちからの予約が殺到するようになった。

そして陽なた家をつくって6年目の2009年には、バースデーをはじめとするサプライズイベントの口コミにより、県外からのお客さまが年間1万人来店、バースデー件数は1店舗で年間1500件というお店になった。

陽なた家は徹底して他所の店がやらない「非効率」の道を突き進んだ。もしもお店を効率的に経営することを優先したとしたら、陽なた家はできていなかったと思う。

37

喜ばれることへの追求が道を開く

そして実は、この非効率こそが陽なた家にとって、たくさんのドラマと利益を生んでくれることになる。

究極の非効率の代表は、イベントの柱となっているバースデー。これは半端じゃない非効率の追求だった。

このバースデーの予約が毎日数件、土日だと1日に10件近くは行なう日もあった。当たり前だ。中津近郊に人口は8万人いる。そのバースデー祝いを1店舗で請け負ったようなモノだ。

そのバースデー祝いは、突然店内の電気を消し、トランペットで「ハッピーバースデー」が奏でられ、キッチンに据え付けてある4メートルの鉄板から炎が吹き上がる。そして手作りのケーキが当人のもとに運ばれる。

生まれたその日を愛情持ってお祝いさせてもらいたい——。その思いに知恵が授けられて、陽なた家のバースデーの形ができた。

その間、キッチンの作業はすべてストップ。もちろん、その間はお客さまのオーダーも受けない。店内全体がその人のことを喜んでお祝いすることに集中する。

実際にこのバースデーをはじめてからたくさんの人たちが集まってきてくれた。

「どうしたらバースデーをやってくれるの？」という問い合わせが殺到した。

しかし、そのたびに厨房が止まるなんてどう考えても非効率だった。

しかし、ここで僕たちが大事にしたのは、そのときにどれだけお客さまが喜んでくれるかということだった。

お店がどのくらい効率的に売り上げを上げられるかではない。それほどまでに僕らが徹底して非効率にこだわったのには理由があった。

どうせやるなら、ただ1人の人の笑顔や感激の涙にすべてを賭ける本気の演出をすべきだと考えたからだ。

なぜならバースデーというのは1年間がんばって生きてきた主人公に年に1回、スポットライトが当たる唯一の日だ。

だからイベントコンセプトは、

「**生まれてきてくれてありがとう。僕たち陽なた家一同、あなたに会えて本当に幸せです**」

欲を言えば、本人だけではなく、そこに居合わせた人、みんなに喜んでもらいたい。だからこそスタッフは全員参加フルボリュームで音楽をかけて、みんなで一斉にフロアに出て行き、他のお客さまも思わず手を叩いてしまうくらい盛大にお祝いする。それまで静かだった人も、自然と参加してくれる。

バースデーイベントが終わった後は、その余韻で一気に盛り上がって、店内にまたエンジンがかかる。ハッピートルネードが起きて、店は一気に活気づく。

もちろん、最初は他のお客さまがうるさがって来なくなるかもしれないというリスクを覚悟した。実際にそんな人もいたとは思う。これに対して母は

「100パーセントすべてのお客さまを満足させるなんて不可能。それよりも自分たちが大切にしたいお客さまを明確にして、その人たちが喜んでくれることをしっかりと考えること」

と言っていた。

こうしてオープンして半年経つ頃には、僕の両親は陽なた家の経営コンサルタントみたいな存在になっていた。

父が経営戦略担当。

そして母が営業方針担当。

母の言う通り、とことん思いを込めてお祝いをすると、案外こちらの思いはお客さまに伝わるものだった。

このイベントを通して、僕たちはお客さまが喜んでくれる姿や涙を流してくれる姿のとりこになっていた。人に喜ばれることがこんなに楽しいことだと思ったのは人生で初めてのことだった。

「どうしたらお客さまが本当に喜んでくれるのか?」

それをまず考えて、「非効率の追求」を続けると、事業がどんどん大きくなっていった。

・たこ焼き屋の本店としてスタートした陽なた家は、いつからか中津のバースデーの代名詞と言われるようになり、結果的にはお客さまの要望でウェディングをやれるまでになった。

・「生まれ育ったアーケードを活性化する」というコンセプトでつくった陽なた家の2号店「夢天までとどけ」はその後の居酒屋業態のモデル店となった。

・陽なた家の人材育成や経営理念が注目され、講演をするようになった。

・毎日行うイベントマニュアルを軸にして、鹿児島で500人単位の研修イベントをするようになった。
・たまたまウェディングに参列してくれた出版社の編集長から声をかけられ、出版の道が広がった。
・僕自身の出版社の勤務経験から、出版スタジオが生まれた。

ただこれは夢や綿密な事業計画を持って広げていったというのとは違う。目の前の人の感動を追いかけ回しているうちに、気がついたら広がっていったというほうが正しいと思う。

そして、その展開はすべて母が僕に言い続けてくれた

「喜ばれる人になりなさい」

という言葉が軸になって生まれたものであるということはまぎれもない事実だった。

第4章

MOTHER

38 最高がいっぱい

父も僕も弟もそれなりに個性は強いほうの部類だとは思う。

しかし、ひょっとすると一番は母だったのかもしれないと思う。

「私だってそれなりに苦労したし悩んできたわよ」

といつも言ってはいたが、どう考えても運のいい幸せな人生を送ってきた気がする。

その中でも「この人は本当に幸せな人だな」と特に思ったのが母の趣味だった。

それはサプリ。健康食品だ。

もともと身体の強いほうではなかったが、32歳のときにした大病がよほど大きかったのだろう。そこから我が家はサプリと共に歩く家になった。というよりも、売るほどいろんなサプリがあった。

「健康のためなら死んでもいい」

とまったく意味のわからないことを、サプリ中毒を止めようとする父に向かって吐き捨てたこともあった。


しかし飽き性というのだろうか、浮気性というのだろうか。

「めっちゃおいしいイタリアンを見つけたの。今度一緒に行こう」と会話するOLのように、いつも新しいサプリを見つけてくる。

そこまで集めてきて商売をはじめるのかと思いきやそんな気持ちはさらさらなく、ただ僕たちに飲ませるばかり。

しかも決まって
「**最高のものを見つけたのよ**」と毎回言う。

しかもそれが毎回大真面目だから、ある意味本当に幸せな人だったと思う。

僕が健康食品の営業をしていたら、間違いなく一番先に母のところに新商品を持っていっていただろう。

その中で、僕が小学校3年生のときに出会ったサプリを、母は特にずっと愛用していた。

商売が忙しくなってきた頃から母はまったく朝ご飯をつくらなくなった。そのかわりに健康食品のシェイクタイプのものを水に浮かせてそのまま置いていた。つまり

「自分でシェイクして飲んでから行きなさい」

ということだ。

高校になってからはその隣に500円。これは

「高校の購買部で好きなものを買って食べなさい」

という合図。

僕の高校にはたまたまほか弁が配達に来ていたので、高校生活はほとんどがから

あげ弁当だった。しかも中津は全国的に有名なからあげの聖地でもある。学校終わりも近所でからあげを食べるものだから、本当に鳥になるかと思うくらいだった。

「母さん、あのさ、たまには弁当とかつくってくれないのかな？　俺の身体が心配にならない？」

と聞いたことがある。ここでも衝撃的な言葉が飛んできた。


「朝サプリを飲んでるから大丈夫よ。からあげ弁当が身体に悪かったとしてもプラマイゼロだから」


息子ながらこれには驚いた。

すごいポジティブ思考というか、ここまで自分に都合良く考えることができるということをかえって尊敬した。

幸せは自分の考え方ひとつと誰かが言っていたが、いつも最高のものに囲まれて幸せそうな母を何度もうらやましいと思った。

そんなサプリ好きな母に思いもよらぬできごとが起きたのは、２０１５年の夏、僕が40歳の厄年に入る頃だった。

39 母の挑戦

２０１３年、僕たちの陽なた家は業績が伸び、福岡の中心に出店していた。同時に本も売れ、講演も増えていったことで、地元の店は各店長たちに任せ、僕自身も拠点を移し、福岡を中心に講演活動で全国を飛びまわるようになった。当然、中津に帰る機会も減っていった。

その生活に慣れてきた頃、母から一本の電話がかかってきた。

「わあ、久しぶりだね。元気?」
「うん、元気よ。今日ね、茂久に相談があって」

その頃の母は、陽なた家や僕の事業が伸びていき、僕と弟の子どもたちのお世話もふくめ、こっちの店の手伝いに入ってくれることが増えたため、夢工房の経営権を人に譲り、お坊さんと孫たちのお守りをしながらのんびり暮らしていた。

その過程の中で、お寺のお偉いさんから、「お寺のことばかりしていないで、世の中の役に立ちなさい」と指導されたということだった。

まだ60過ぎ。たしかに引退が早すぎるんじゃないかと僕も思っていたところだった。

「でね、私考えたの」
「何を?」

「ここからの時代はね、健康がキーワードだと思うのよ。だからね、前からやりたかった女性のためのフィットネスをつくろうと思うんだけどどう思う？」

「っていうかもう進めてるんでしょ？」


母がこうやって「どう思う？」と聞くときは、もうすでに動きはじめていて、つまりは「背中を押して」ということだと僕はわかっていた。

ただ1つ心配なことがあった。それは、事業形態が夢工房のように自分で立ち上げるものではなく、とあるチェーンのフランチャイズだということだった。

もともと縛られるのが得意な人ではない。マニュアル通りにしたがって仕事をするということは、おそらく人生で経験したことがないはず。

僕自身、銀だこの本部にいた経験もあり、フランチャイズ向きのタイプと不向きなタイプについては人よりわかる。母自身は完全に後者だった。

「大丈夫。もうこの歳からはじめるんだから、マニュアルがあってくれたほうがいいから」

ということで、夢工房、お寺の次の母のチャレンジは女性向けのフィットネスクラブになった。

福岡で店を数店舗立ち上げながら講演、出版、そしてその頃は出版スタジオも立ち上げていたので、こちらはてんてこまい。しかもそのクラブは女性会員限定だから僕自身が協力できることは何もなかった。

40 長電話

親が子どものことをよく理解しているように、子どもにも、親のことがよく見える。子どもも年齢を重ねてくると、それまで絶対的な存在だった親も、ひとりの人間だということがわかってくる。

特に経営者を長く続けると、同じく経営者の性格というものもわかってくる。僕の嫌な予感は当たった。

マニュアルに適応できない母自身の愚痴が増えてきたのだった。ことあるごとに母は僕に頻繁に連絡してくるようになった。

そしてその電話の回数と頻度がピークを迎えたのは、そこから2年後の2015年、フィットネスクラブの2号店の話が持ち上がったときだった。

これはどこでも同じだと思うが、フランチャイズと本部というのはそれぞれのスタンスの違いでハレーションを起こすことが多い。本部からすれば規模拡大、フランチャイズ店にはそれぞれの現場の都合がある。

1号店がやっと軌道に乗るか乗らないか、というときに、本部がもう1店舗場所を確保したと連絡があったのだ。

こうした場合フランチャイズシステムの慣習で、その近くのエリアの店がやらなければ本部がするか、やると手を上げた元気のいいフランチャイズグループがその店の権利を取ることになる。

しかも中津くらいの地方の小都市の場合、違う会社が経営をするということは、既存店の売り上げは明らかに減る。だから少々無理をしてでも同一商圏の店は同じ会社が経営することが多い。

例にもれず、母の会社もそうだった。結果的に2号店をやることになったのだった。


「母さん、店の権利を売れば？　無理してやることじゃないよ。こっちの会社は安定してるから大丈夫だよ」

「でもね、1号店に思い入れもあるし。ただなんで2号店をやらなきゃいけないんだろうね。なんで同じ中津につくるんだろうね」

この会話の繰り返しだった。

かなり長く経営から離れていたからだろうか。その電話に夢工房を立ち上げて楽しそうにやっていた頃の覇気はもうなかった。

そんなある日の講演会後の懇親会の席で、何度も母から電話がなった。

何かあったのかもと会場を一瞬抜け、電話に出てみると、また同じ内容だった。

「あのさ、母さん。今講演の懇親会で忙しいんだよ。本当にどうしちゃったの? 最近愚痴ばかりだよ。聞いててこっちが滅入るわ」

「そうよね。ごめんね。最近オープン準備もあったたんだけど、身体がだるくて寝込んでたから、あんたの声を聞きたくなって。ほんとごめんね」

育ててくれた母だ。だから何があっても黙って話を聞き続けよう。そう決めていた。

しかし、忙しさとお酒も入っていたこともあったのか、とうとう本音が出てしまった。

「でも、それはあくまで愚痴ばかり言う母さんが悪いんだ」

と自分自身に言い聞かせて酒席に戻った。

その頃をピークに僕は母の長電話が嫌になっていた。

それからというもの、いつもかかってきていた母からの長電話はピタッと来なくなった。父から母の病気の電話がかかってきたのはそれから2カ月後のことだった。

「身体の調子が悪い」父から電話がかかってきたとき、母の言葉を思い出し「しまった」と思った。「あのときもっとちゃんと話を聞いていれば」と思ったが、それはすでに後の祭りだった。

41

苦しいときになって初めてわかること

今になっても、母の闘病生活に、なぜあんなに男3人がムキになったのかはわからない。父が愛妻家で、僕と弟が母に散々迷惑をかけてきたせいもあるかもしれないが、おそらく理由はそれだけではない。息子の僕がいうのもなんだが、まわりを放っておかせない不思議な何かを母は持っていたと思う。

2016年、陽なた家の福岡の店のオープンが重なったこともあり、僕はたまたま講演の仕事を減らしていた。

母の闘病のため、断れる講演はほとんど断った。

飲食、出版、講演。この3つの柱を1つ減らすことにためらいはなかった。

僕自身が講演という事業に限界を感じていたことも理由の1つだった。

逆に講演を減らし、病室で母とできる限りいると決めたことで、執筆という仕事の便利さに気づくこともでき、出版に力を入れるきっかけにもなった。


今回の闘病生活がはじまるとき、小学校6年のとき、母が肝炎を起こして入院したときのことを思い出した。

母は相田みつをさんのファンだったのだが、そのきっかけは入院を聞いて駆けつけてくれた友人が持ってきた名著『にんげんだもの』だった。

その本の後ろに母が書き残してあった言葉がある。


「ふだん一緒にいてくれる人もありがたいけど、こういう苦しいとき、駆けつけてくれる人の存在は本当にありがたい。そして私もそういう人でありたい　1986年4月13日　たつみ」

この書き置きから約30年後。病室で息子である自分が本を書いていることがとても不思議だった。

この状況をきっかけに僕の仕事は出版のほうに比重が偏ってきたのだが、「この業界で生きていこう」と決定づけるもう1つのきっかけがあった。

母の入院を知らせてすぐ、一番初めに来てくれたのが、僕の本を一番世に送り出してくれたきずな出版の岡村季子社長（当時は専務）だったことだ。

きずな出版は名前の通り、人と人との絆を一番大切にする出版社で、僕のイベントを通して母のことをとても大切にしてくれた。そしてこの苦しい時期に東京からわざわざ来てくださったことに、今でも感謝が湧いてくる。

それ以来「あんたはきずな出版を裏切るなら出版をやめなさい」が母の口癖になった。

「結婚式もいいけど、それよりもお葬式を大切にしなさい」といつも母は僕たちに言っていた。その母の言葉ではないが、苦しいときにこそ駆けつけることができる、そんな人間でありたいと思う。

その思いから僕はその時期の講演を事業の中から外せるだけ外し、出版に力を入れることにしたのだ。

42
子ども向けのすごい教育論

「ばあちゃん、体調どんな?」

「うん、大丈夫よ。亨太郎、学校は楽しい?」

「うん、勉強以外は最高」

僕には2人の息子がいる。長男が亨太郎（きょうたろう）で次男が隆之介（りゅうのすけ）。

亨太郎は僕に似たのだろうか、中学校に入ると同時にまったく勉強をしなくなった。

理由を聞くと「面白くないから」だそうだ。

ある意味ものすごく筋が通っている気がした。

母が病気になったとき、入院生活を通して思わぬ活躍をしたのが中学3年生になったこの長男の亨太郎だった。亨太郎はことあるごとに母の病院に行き、僕たちの手伝いをしてくれた。初孫ということもあり一番かわいがってくれたこともあったのだろう。どんなときも母は亨太郎の味方だった。

親というものは自分がなってみて初めてわかることだが身勝手なものだ。

あるとき自分の過去を棚に上げて「勉強しろ」と一瞬教育パパになってみたことがあった。夏休みに実家で合宿をしながら長男の勉強を真剣に見たことがあった。亨太郎にとってはおばあちゃんになる母も、いりこや豆腐などをつくり、「頭が良くなるからしっかり噛んで食べなさい」

と言っていた。

僕は20年ぶりくらいの健康的な食事と健康食品に囲まれて、すぐに逃げ出したくなった。それでも息子のために我慢しながら過ごした。

そんな生活を送りながら10日ほど経った頃だろうか。亨太郎が寝た夜中に母に呼ばれて話をした。

「茂久、亨太郎との合宿、もうやめなさい」

「なんで？　だいぶこの生活には慣れてきたよ」

「あのね、私思うの。亨太郎は勉強に向いてない。それよりあの子は人と関わったり料理をつくることが大好きなのよ。陽なた家で働かせたらどうかな？」

「いや、あいつ中学生だよ。さすがに飲食店は」

「あんた中学生のときたこ焼き屋で働いてたじゃない」

「あ、たしかに。でもね…」

母が遮って話しはじめた。こうなるといつものお約束で、僕は聞くしかないモードに入らなければいけないことになっていた。僕の発言などは風の前のチリと同じ程度のものになるのだ。


「勉強ができることって素敵なことよね。でもね、スポーツができたり、料理ができたり、人に親切にできたりってすごい才能だと思うのよ。特に社会に出たら、喜ばれる人から順に成功するじゃない？　あの子のその才能を伸ばしたほうがいい気がするの」

一見むちゃくちゃなように聞こえるが、真剣に話しはじめると、妙に核心をついて説得力があるのがこの人の怖いところだった。

「いくら言っても勉強しない子は勉強しないし、いくら止めても勉強をする子は勝手にするのよ。亨太郎が必要になってからいつでも勉強はできるからそのときでいいんじゃない？　あんたもある日いきなり勉強しはじめたから。まあすぐに飽きてたこ焼き屋になったけど、私はそれがあなたの進む道だったと思うよ」

勉強する子は勝手にするし、しない子はしない。たしかにそうかもしれない。

「でね、亨太郎が私に言うのよ。『ばあちゃん、俺は頭バカだから』って。でもね、亨太郎に言ってやったの。『自分で自分のことをバカ』だと思ってる人間に本当のバカはいない。バカってのは『自分はなんでも知っている』って勘違いしてる人のほうなのよ、って。亨太郎がそんな人にならなくてよかった。私安心した」

この日の会話で合宿は解散した。

こんな感じだから亨太郎は母のことが大好きだった。

母の言葉通り、勉強はしなかったものの、亨太郎は陽なた家で3年間バイトをしながら無事高校を卒業し、現在は東京の調理師学校に行きながら、銀座の寿司屋で元気に働いている。

ここからどういう道に進むかは未知数だが、父として、先に生きてきた男として、今の時点で熱中できる好きなことを早くから見つけてくれてよかったと思う。

43
厄年に襲ってきた泣きっ面に蜂

毅然と病気と向き合う。そういう強い人たちの姿をテレビでよく目にする。

しかし残念ながら、母は病気という面においては、そんなにメンタルが強いほうではなかった。

お寺のお弟子さんなどがお見舞いに来たときなど、気を張らなければいけない人の前では人が変わったようにいいことを言うのだが、僕たちの前では単なる甘えっ子だった。まるで1人の中に2人の人間が住んでいるようだった。

面会終了時間になり僕が病室を出ようとすると、廊下で不安そうにずっと僕の姿を見送る。一度は「体重計に乗ったら昨日より体重が8キロも落ちてる」と連絡があり、父と2人で病院に吹っ飛んでいくと、単純に体重計が壊れていただけだったなど、たくさんのすったもんだがあった。

メンタル担当だった僕は言葉の重要性や、ポジティブに考えることの大切さを、毎日病院に通いながら一生懸命コーチングした。

そのとき僕は厄年ど真ん中。ある占い師に

「お兄ちゃんは運がいいからまわりの人に厄が行く可能性があるから気をつけて」

と厄入りのときに言われたが、その言葉通りかわからないが起きるときにはいろんなことが起きる。

母が癌になってすぐ、嫌な予感がして父にも検査に行ってもらったら、なんと前立腺の癌が見つかったのだ。

母とは対照的に父は気丈だった。

父のときも宣告に立ち会ったが「この病気による10年後の生存確率は99パーセントです」と言われとりあえず難は逃れた。

「たつみには絶対に言うな」と父に言われていたが、あまりにも母が父に甘えまくるものだから、ある日とうとう言ってしまった。

「母さん、父さんのことで話がある」

「なに、なんなの?」

「母さんに言うなって言われてたけど、父さん前立腺癌になったよ。甘えてばっかりだけど、本当に今のままでいいの?」

「いやだ！　お父さんに何かあったら私、生きていけない。だから強くなる！」

「俺に愛の告白してどうするんだよ」

思わず笑ってしまった。

「んじゃ強くがんばれる？」

「うん。がんばる。私甘えてた」

「もう甘えない？」

「うん、甘えない」

こんなやりとりもあったが、やっぱり甘え癖は治らなかった。相変わらず母はいつも父に甘えていた。夫婦というのは子どもでも入り込めない間合いと関係性があるんだなとしみじみ思った。

44

姫と3人の家来たち

病気において、少なからずメンタルの状態は大切だ。弱音を吐きたくなることもあるが、それだけでは本人がくじけてしまう。闘病において、一番大切なのは本人の生きる意志だ。だから少しでも強く生きていける力を持てるよう、僕は母にあるときは厳しく接していた。

そんなメンタルケアに明け暮れていたある日、父は僕を呼んでこう言った。

「茂久、もうこれ以上、たつみに厳しいことを言うな」

「なんでよ？　あれじゃあ母さんダメになるよ」

「いいんだよ。あの性格は変わらない。だったら、どれだけ長く生きれるかどうかはわからないけど、俺はあいつが死ぬまでとことん甘やかして送り出すことにした」

「甘やかす???」

「おう、あいつの願いをすべて叶えるんだ。とことんな。いいじゃねえか、残りの人生が幸せであれば。だからお前も幸士も、とにかくあいつの言うことは全部聞いてやってくれ」

母をとことん幸せな姫にする——。

父の指令で、それが僕たち3人の合言葉になり、その日から僕たち男3人は姫に仕える従者のようになった。

行きたいところにはどんなことをしてでも連れて行く。

食べたいと言ったものは、なんでも病室に買ってくる。

弱音を吐いたら一晩でも聞き続ける。

その中でも特に甘やかしたのは、母が大好きだったサプリに関してだった。

前述したが、母は、親族の中でも「サプリちゃん」とあだ名がつくくらいサプリマニアだった。実家に戻るとき、新しいサプリがテーブルに並んでいなかった日は一度もなかったくらいサプリ命だった。

とにもかくにも母が求めることはなんでもする。

欲しいサプリは全部買う。たとえそれがいくら高価なものであったとしても。

「あのね、茂久。どうしても欲しいサプリがあるんだけど、私からはもう言いにくいから、お父さんに聞いてくれない？」

聞けば金額はその商品だけでも月に30万円。値段の高さにたまげたが、父に聞くと

「いいよ。買え」となんのためらいもなく答える。

「あいつを幸せな姫にする。俺の全財産を使ってでも」

そう言った父の言葉は本気だった。

そのとき取った僕たち3人の行動が、どれだけ母にとって役に立ったのかはわからないし、闘病生活において、僕たちの選んだ接し方が正しいかどうか、そんなことはわからない。

しかし、いずれにせよ、このときの父の在り方を通して、経営者として、何よりも男としての自分の在り方を本当に省みたことだけは確かだ。

身内のことをこう書いて恐縮ではあるが、闘病生活を通しての、父の男としての在り方は本当にかっこよかったと思う。

45 母が教えてくれた一番大切なこと

「茂久、いま、どんな人の本を書いてるの?」

執筆活動をはじめて6年目の夏。

出版を控え、母の病室で原稿に向き合っている僕に、ある日母が聞いてきた。

「ん？　まあ一言で言えば、頂点を目指す人かな。ぐずぐず言い訳してる人よりそんな人のほうが話が早いし」

そう言った僕の言葉に母は難しそうな顔をしていたが、僕は無視して本の企画を進めていた。そのときに、母はいつもより静かに、そして冷たく僕にこう言った。

「あのさ、あんた変わったね」

「何が？」

「いつもそばにいてもらっててこんなことを言うのは何だけど、あんたは変わったよ」

「だから何が？」

僕のいらだちはピークに達していた。

だいたいあんたの闘病に付き合ってるから全部の仕事が進まなくてイライラして

るんだよ。

心の中で、そんなことを考えている自分がいた。

「あのね、あんたはどこに行くつもりなの？　誰に向かって本を書いてるの？　誰を元気にしようと思ってるの？」

「だから誰って、頂点を目指す人だよ。その人たちに向けて書いて100万部を目指す」

「もうすでに元気な人たちに、あんたの本は必要なの？」

「え？」

僕はその言葉の意味がわからなかった。

「あんたはよくがんばってる。息子ながらすごいと思うし、どんどんステージが上がってるのは親として嬉しいよ。でもね、何か大切なものを忘れてない？」

「忘れてねえし。母さん、何が言いたいんだよ」

「あんたは本を書くっていう役割を勘違いしてる」

「何が?」

母はいつも以上に感情的になって言った。


「あのね、社長とか著者とか有名人とかなんでもいいけど、そういう人って地位とか勲章とか影響力とかを持ってるよね。今のあんたは全部それを持ってるかもしれない。

でもね、その力って決してあんたをいい気分にさせるためだったり、あんたをいばらせるためのものじゃないんだよ。その力を使ってまわりの人に喜ばれる人になりなさい、って神様がくれたものなんだよ。

そのことを忘れて、ちょっとうまくいったらいばりはじめたり人を見下したりすると、神様は遠慮なくその人からその地位も勲章も取り上げるんだよ。

これは今のあんたにとってはうるさいかもしれないけど私の最後の言葉と思って覚えておきなさい！」

いつ以来だろう。母にこんなに怒られたのは。

言い出すと激しいのはわかってはいたが、言葉通り、これが母の最後に伝えたかったことなのかもしれない。

少し間を置いた後、落ち着いた口調で母は続けた。

「上に登るのはいいことだよ。でもね、ふつうの人は、私みたいに愚痴も言うし、不安もあるし、なかなか変われない。そんなところでぐるぐる回ってるんだよ。悩んでるんだよ。あんたは本を書きはじめた最初の頃、『自分の経験を通して、悩んでいる人の心を少しでも明るくしたい』って言ってたよね。あの頃のあんたはどこにいったの？　上に行きたい人たちだけと歩けばいいの？　悩んでいる人のことはもういいの？　あんたは気づかないうちに、多くの読者の気持ちがわからなくなってるよ」

「いや、そんなことは……」

さすが母親。ビンゴ。あまりにもど真ん中の言葉すぎて、僕は何も言えなくなった。

そこから1週間、僕は本の企画だけでなく、仕事すべてがまったく手につかなくなった。


自分は何のために本を書いているのか？

誰に向かって、何を伝えようとしているのか？

今の力を使ってどう喜ばれる人になれるのか？


出た結論は明白だった。ここからは悩んでいる人のために本を書き続ける。僕は、これから向かおうとしていたリーダー向けの出版計画をすべて白紙に戻した。

それからというもの、母は病気にもかかわらず、僕と2人で原稿チェックを手伝ってくれた。

そして「楽しいね。病気なんかどこかに飛んでいっちゃうね」と逆に僕を励ましながら、僕の原稿を楽しそうに読んでくれた。

「私はあんたの本の日本一のファンだからね。私みたいに悩んでる人に寄り添う著者であってほしいからこれからも厳しく言うよ。ファンってわがままだからね」

そう言って笑っていた。

「もらった才能や勲章は決して自分をいばらせるためにあるんじゃない。その力を使って誰かに喜ばれるためにあるもの」

母のこの言葉は僕の中で、今も最も心に残っているものの1つだ。

46

メンターって何ですか？

闘病生活をはじめて9カ月。実家の窓の外には母が植えた桜が満開になっていた。

その頃の僕は、できる限り講演は断っていたが、どうしても断れないものもあった。

そのうちの1つであった2016年4月3日、僕は千葉の幕張メッセでそれまで一番多い6000人の講演を終え、とんぼ返りで中津に帰ったばかりだった。

帰って母にそのことを伝えると「そう。よかったね」という普通の感想だった。

いっとき考え事をしていたように思う。

それからほどなくして、母が突然僕に聞いてきた。

「ところで幕張メッセどうだった？」

「たくさん来てくれて嬉しかったよ」

「そうなんだ。感謝だね。あんたみたいな人を一番多く育てた人が日本一のメンターなんだろうね」

ぼそっと言った言葉ではあったけど、僕にとっては意味の深い言葉だった。

おそらく母にとっては何千人の前で話す人ではなく、その存在を育てる人のことをメンター（指導者）と指しているのだと思う。

もともと母は変わったことを言うタイプだった。たとえば組織のピラミッド表を見ても

「**このピラミッドは本来逆三角形なのにね**」

と言う。

母にとってリーダーやメンターというのはトップに立つ人ではなく、「一番土台になることができる人」という意味だったのだ。

だからいつも人とは感動ポイントがずれていた。

普通はステージに上がる人に多くの人は魅了され、憧れを持つ。
しかし母はどちらかというと有名人を育てた親の言葉だったり、芸能人を育てたプロデューサー的な人の言葉に感動を覚えていた。

その中でも母が最も感動していたのが、世界一貧しい大統領として有名なウルグアイのムヒカ元大統領の言葉だった。ムヒカ大統領はこう言っていた。

「本当のリーダー（メンター）とは多くの事柄を成し遂げる人ではなく、自分をはるかに超えるような人材を残す人だと思う」

「いつかあんたがそんなメンターになる姿を見てみたいねえ」
「うん、絶対に見せるよ」
「楽しみにしてるね」

しかしそのとき、僕はその姿を母に見せるには時間が短すぎるということを感じていた。

47 枯れていく命と共に

退院してほどなくしてから、母は実家から5分のところにある父の姉さん夫婦の北ファミリーで生活をしていた。

父は9人兄弟の一番末っ子。一番一緒に育ったからだろうか、8番目の姉さんを昔から一番頼りにしていた。

姉さんの名前は睦代さん。小さい頃から「むっさん」と呼ばれていたため、僕たち子どもは「むっさんおばちゃん」と呼んでいた。

むっさんおばちゃんの家にはいつもたくさんの親族が集まる。母も一番むっさんおばちゃんのところが楽だったのかもしれない。

これに母の実の妹、つまり僕の叔母にあたるまゆみねえちゃん（なぜか僕は小さい頃からそう呼ばされていた）も北家に居そうろう。

むっさんおばちゃんとまゆみねえちゃんのお世話好きコンビがお世話をし、そこに父、僕、弟、2人の妻、そして孫たちに囲まれ、母はとても幸せそうに過ごしていた。

ただこの頃、痛みを訴えて病院で治療するサイクルはどんどん短くなっていた。僕は夏の執筆大詰めで、実家で本を書き、北家に様子を見に行く生活を繰り返していた。


そんな2016年5月16日の朝、父から1つの提案があった。

「茂久、たつみを囲む会をしよう。幸士のラーメンを食べたいらしい」

その頃、母はほとんどご飯を食べることができなくなっていた。その本人がどうしても幸士のラーメンを食べたいと何度も言うとのことだった。

僕はすぐ福岡の幸士に連絡をした。

「幸士、戻れるか？」

「わかった。今から準備して夕方までには帰る」


夜、むっさんおばちゃんとまゆみねえちゃんがみんなの料理をつくり、親族みんなが集まって宴会がはじまった。

永松家は本来陽気な一族だった。酒を飲みみんなで歌っている大人を見て僕たちは育った。

それがいつからか僕たちが中心になって飲んで歌う世代になった。

母は幸士のつくったラーメンを全部食べた。その頃、ほとんどご飯が食べれなくなっていたので、まるごと1杯を食べたことに僕たちは驚いていた。

「あーおなかいっぱい。おいしかった」とご機嫌だった。

その頃、抗がん剤の影響で母の髪は全部抜け落ちていた。

人が来るときはいつもウィッグをつけていた母が、その日はニット帽のままだった。

宴は母が寝ついた後も夜中まで続いた。

僕もその日は飲み続け、そのまま北家に泊まった。

48 救急車

翌日の昼、母が吐血。そのまま貧血を起こし、救急車で病院に運ばれた。

病院の処置で落ち着きを取り戻したが、今回はもう別れのときまでそんなに時間がないような気がしていた。

たまたま谷川誠という僕の幼なじみがその病院で看護師をやっていた。救急車の要請時に「永松たつみ」という名前を聞き、到着したとき待機してくれていたのがその誠だった。持つべきものは頼りになる友だとしみじみ感じた。

処置が終わり、誠と僕は病院の屋上で話した。

「誠、正直に言ってくれ。厳しいか？」

「俺は医者じゃないからはっきりとは言えないけど、俺の経験から言うと覚悟したほうがいいかもな。ただそれが1週間先か1カ月先かはわからない。おばちゃんの生きる力次第だよ」

「……ありがとう。たまたまお前がいてくれてよかったよ」

「おー、なんかあったらすぐ電話するからよ」

「頼むわ」

病室に戻ると、母は落ち着きを取り戻し、むっさんおばちゃんとまゆみねえちゃんと話していた。

「茂久、本が忙しいのにごめんね」

「何言ってんだよ。安定したら北の家に戻ろうね」

「うん、そうだね。でもあんた今週講演でしょ？　心配しなくていいからね」

講演を限りなく減らしてはいたし、できる限りまとめてできるスケジュールにしていたのだが、たまたまその週末の金土日に名古屋、東京、そして埼玉の草加での3連戦が入っていたのだった。

特に草加は何百人も集まる一般オープンの大型講演だった。

いくら母の調子が悪いとはいえ、1年以上前から準備してくれていた企画者の方のことを考えると、今さら断るわけにはいかなかった。

講演に行くギリギリまで、僕は母の病室で執筆をすることになった。カタカタパソコンを打っている僕に母がこう言った。

「茂久、人生って面白いね」

「ん？　何が？」

「あれだけお寺の集会や私がカウンセリングをするのを嫌がってたあんたが人前で話すようになるなんてね」

「いや、俺の話はお寺の説法とは違うよ」

「なんでもいいのよ、人が幸せになれば。しかもあんたがやってることは私よりはるかにスケールが大きいよ。こう言うと嫌かもしれないけど、あんたの講演してる姿とかお店で若い人の相談に乗ってる姿を見ると、『あ、私のやってきたことはちゃんと息子に伝わったんだな』って思える。ありがとうね」

僕は黙って聞いた。

「これからもたくさんの悩んでいる人を助けていってね。それが私の願い」

20日の朝。名古屋講演は夜の予定だったので、昼に出れば間に合う。

朝から僕は病室に行った。母はとても元気だった。

「今日も講演は多いの？」

「ううん、老人ホームのスタッフさん向けだから80人くらいだって言ってた。多いのは草加だね」

「そう。でもそれだけたくさんの人が聞いてくれるなんて嬉しいねえ。母として誇りだわ」

「うん、ありがたい」

「喜んでもらえるといいいね」

「そうだね、まあ全力で3日間やってくるよ。んじゃ行ってくる」

49 埼玉草加にて

金曜、土曜の講演は無事終了し、最終日の埼玉。この日の講演会は昼からだった。講演前、僕は父に電話した。

「父さん、母さんの調子はどう？」

「うん、さっきご飯を食べて寝てる。昨日は何かと見舞客が多くてなあ。少し疲れてるかもな」

「そう。俺今から講演だから、終わったら電話するよ」

草加の講演の主催者はエステサロンのオーナーだった。1年間準備のために一生懸命イベントをつくってくれたことがすぐにわかる、とても温かい会場だった。大勢の素敵な人たちが聞きに来てくださったおかげで講演は大盛況に終わった。

本のサイン会が終わってすぐにホテルに戻り、父に電話。まだ母は寝ていたのでそのまま電話を切ったが、5分もたたないうちにすぐに父の電話から着信があった。母からだった。


「茂久、わたし」

「母さん、起きたの？」

「うん、目が覚めてね。講演はどうだった？　喜んでもらえた？」

「おかげさまで盛り上がったよ」

「そう、よかったねー」

「あのさ、草加は懇親会まで準備してくれてるから、戻りは明日の朝になる。ごめんね」

「何言ってるのよ、こっちのことは心配せずにやってきなさい。体調本当にいいから大丈夫。まだ死なないわよ。目の前の人に全力でね」

懇親会は草加の居酒屋さんだった。

夜19時半、いつものように乾杯で、超大人数での懇親会がはじまった。ボロボロになった僕の本を持っていろんな話をしてくれる人、引っ込み思案な参加者を僕のところに連れてきてくれるスタッフさんたち、わざわざ北海道や九州から駆けつけてくれる人。いろんな人に囲まれて会場は大騒ぎになった。

宴もたけなわ間近。電話がなった。母の妹のまゆみねえちゃんからだった。

「茂久！　姉ちゃんが！」

「どうした？」

「容体が急変した！　意識がなくなった」

「え？」


僕はにぎやかな会場を抜け、音のしない玄関まで移動した。

「まゆみねえちゃん、どんな？」

「呼吸が苦しそうで見てられない。先生が家族に連絡をって。あんた帰って来れないの？」


時計を見ると21時半を過ぎていた。

電話をオンフックにしてアプリで飛行機と新幹線の時間を見たが、草加からどんなにがんばっても最終には間に合わない。

しまった。どんな言い訳をしてでも今日のうちに戻ればよかった。


電話の向こうで母の呼吸が聞こえる。

苦しそうでうめくような声。

一度聞くと一生忘れられない声。


「たつみちゃん」

「お母さん」

「ばあちゃん」

その苦しそうな声に、まわりで名前を叫び続ける人たちの声が重なる。

しかし僕の耳には、不思議とその母の苦しそうな声しか入ってこない。

電話の逆側からは会場から楽しそうな声が聞こえてくるが、それすら遠くに感じていた。

50 テレビ電話

電話を切り僕は懇親会場に戻る。

本当はすぐにでも地元に戻りたかったが、その場はファンの人たちが主催してくれた会だから、抜けるわけにはいかないし、来てくれた人たちにそのことも言えない。

そもそもその電話とは1200キロの距離が離れている。

いくら調べても飛行機も新幹線も最終の時間を過ぎ、間に合わない。

車を飛ばしても13時間はかかる。それなら朝イチの飛行機で飛んだほうが早い。

あのときの僕の姿をうつろというんだろうか。
目の前の景色がどんどん色をなくしていく。

なんとかパーティーが終わり、2次会。
主催者たちとの少人数の席になった。
そこでもたくさんの質問が降ってきて、それに僕は一生懸命答えた。

「今、目の前にいる人のために」
幼い頃から言われ続けたその教えにしたがって。

真夜中、午前1時過ぎ。今度は妻、寿美からの電話。
僕は会場を飛び出してかかってきた着信を取った。

「しげ！　お母さんが」

聞こえてきたのは寿美からの泣きながらの叫び声だった。

むっさんおばちゃんやまゆみねえちゃんの母を呼ぶ声が聞こえる。

まわりの声もさっきより強くなっていた。

「兄ちゃん、テレビ電話でつなぐよ」

「うん。頼む」

幸士の配慮でテレビ電話でつながることができた。

まわりの人たちの声がさっきよりリアルに聞こえる。

画面の向こうにはさっきまでの荒い呼吸ではなく、人工呼吸器をつけて静かになった母の姿が映った。

ピッ…ピッ…ピッ…。生命維持装置の冷たい音が聞こえる。

テレビで見たことはあったが、リアルでは初めてだった。


「たつみちゃんがんばって、茂久が帰ってくるまで」

むっさんおばちゃんが大きく声をかける。

「母さん、兄ちゃん朝帰ってくるよ。もうちょっとだよ」

静かに幸士が声をかける。

僕は2次会場の前にあった駐車場の車止めを枕にして寝っころがり、画面に声をかけた。


「父さんいる？」

母を映す画面の向こうにいる父を呼んだ。

「いる。ここにいるぞ」

「父さん、もういいよ。母さんよくがんばったから。もういい。呼吸器かわいそうだ。こうして画面でつながれてるからもう大丈夫」

「……本当にいいのか？」

「うん。いい。母さん楽しかったね。本当によくがんばったね。また会おうね」

その言葉で父が先生に指示したのだろう。ほどなくして母から人工呼吸器が外された。

ピ――。

さっきまで刻んでいた音が長音に変わった。

「たつみちゃん」

「母さん」

「ばあちゃーーん」

たくさんの泣き声が電話の向こうで混じり合う。

小さな病室に親族が50人も集まったのだから、おそらく大騒ぎだったと思う。

あのときの車止めに置いた頭の感触や鉄の冷たさ、そして携帯の背後にたまたま重なって見えたあの月を、僕は生涯忘れることはないだろう。

2016年5月23日1時22分、享年65歳。

こうして僕の一番大切な人はいなくなった。

51　空港にて

母が死んだ。

しかしそのときは、自分でも不思議なくらい涙が流れなかった。実感がなかったのかもしれない。

母が逝った瞬間、駐車場の少し離れた場所でその様子の一部始終を見ていた、当時、講演にいつも同行してくれていたスタッフの青木一弘がまわりに電話をしはじめた。

会が盛り上がっていたので、一弘に主催者以外には言わないようにその場の後を頼んで、僕はホテルに荷物を取りに戻り、そのままタクシーで空港へ。

ありがたいことに東京から北九州空港の便は一番早く始発を迎える。

しかし着いたのは夜中の3時半。さすがにまだ空港は開いていなかった。空港のタクシー乗り場でボーッと座り込んで僕は朝を待った。

夜明けが近づき、ゆっくり羽田の景色が明るくなりはじめた。地面に座り込み少しうとうとしていたとき、幸士から一本のメールが送られてきた。それは写真だった。

車の後部座席で父に寄り添って寝る母の写真。

コメントには

「自分で連れて帰るんだって。どれだけ仲がいいのかこの2人は 笑」

と書いてあった。

普通は病院で処置して車で運ぶのが慣例らしい。しかし父は言うことを聞かなかったという。

「まだ死んでない。誰にも触らせない」

そう言って自分で母を抱えて病院を出たらしい。

さすが破天荒初代。


お姫様だっこで父に抱えられた母の姿。そして母を抱えて通路を歩く父の後ろ姿。

その姿を想像すると、いきなり感じたことのない実感が襲ってきて、僕は初めて大声で泣いた。

まわりに誰もいなかったのが唯一の救いだった。

52 たつみちゃん感謝祭

2016年5月24日。

母のお通夜がはじまった。全国から800名を超えるたくさんの人が駆けつけてくれた。多くの人が翌日の葬式まで立ち会ってくれるため、中津のホテルはパンパンになった。いつも不思議に思うのだが、この連絡網はどうやって広がっていくのだろう。

通夜の後の宴席は、僕、父、幸士、そして母が初孫として一番かわいがっていた中学3年生になった長男の亨太郎が中心になった。

母はもともとにぎやかな宴が好きだった。

本人が騒ぐというより、騒いでいる男たちを見て拍手するのが好きなタイプだった。

だから小さい頃から僕と幸士は両親公認でその宴の中で騒いでいた。

ありがたいことに夜伽《よとぎ》にはたくさんの人が残ってくれ、宴会場の部屋は全部満室。

和室だからみんなあぐら状態での宴会だった。

「来てくれた人たちに喜んでもらう」

僕たち永松家の男衆には母の望む姿がわかっていた。

最初は祭壇の前に母の棺桶が置かれ、その前で多くの人が車座になって宴会がはじまった。

しかし、主役はあくまで母だ。

僕たちは母を車座の真ん中に移動させて大騒ぎ。

その数日間の動画はすべて残っているが、今振り返ってその動画を見るとはちゃめちゃだ。

ふざけていたわけではない。「母なら何が一番喜ぶか」を考えていた結果、そういう宴になっただけだ。

きずな出版からは専務の岡村さんだけではなく、社長の櫻井秀勲先生も来てくれた。

櫻井先生はそのとき85歳というご高齢にもかかわらず、夜伽まで参加してくれた。

「しげちゃん、九州はこうやって棺桶を真ん中に置いて騒ぐ文化があるのかい？」

「いえ、永松式です。他の家のやり方はわかりません」

「そうなのか。これは初めて見た。でもお母さんらしい送られ方だね」

櫻井先生は今でも「あのお通夜は衝撃だった」と語る。

宴が終わったのは夜中の4時。

父と僕と幸士と亨太郎は宴が終わった大広間の真ん中で、母の棺桶にもたれかかり、母に話しかけていた。いよいよ本当に最後の夜だ。

「たつみ、やっぱりお前はべっぴんさんだなー」

「父さん、ベタベタ触ったらだめだよ。化粧が崩れる。なあ、母さん」

「俺のばあちゃんやし。俺が最後に触るし」

そんなことを言いながらワチャワチャやり、僕たちはその場所でそのまま朝を迎えた。


翌5月25日。葬式は昼からだった。

全国から1200人を超える人が来てくれた。大分・中津の田舎のおばちゃんの葬式でこの人数はちょっとした事件だったと思う。お坊さんが、お経を何度もリピートしながら振り返って人数を確認するくらい、長い葬式だった。しかし僕は、その列が永遠にとぎれてほしくないと願った。

長い長い焼香が終わり、父からの喪主挨拶。

死ぬ前日、母は父にこう言ったそうだ。

「お父さん、本当にありがとう。結婚して42年間、本当に幸せでした。3人とも、この闘病の間もわがままを聞いてくれたね。本当に楽しかったよ」

「まだまだ死なないから大丈夫」

講演の仕事で帰れなかった僕にこう言ってくれたとき、母はすでに覚悟していたのかもしれない。それを離れた場所にいた僕に言わなかったのは、母なりの優しさだったのだろうか。それは今となってはわからないことではあるが、僕にはそんな気がしてならない。

棺桶がたくさんの花でいっぱいになった母にむっさんおばちゃんが

「たつみちゃん、いっぱい大切にしてもらってよかったね」

と声をかけてくれていた。

「私も、だんなや息子たちにあれだけ守ってもらえるたつみママみたいな姫になりたい」と言った僕の同い年の女性もいた。

のちになって言われたことだが、棺を閉じる前、何やら僕が叫んだらしいが自分ではそれはよく覚えていない。

1つ覚えているのは弟の家の末っ子で、1歳を迎えていなかった「じょう」が閉じる瞬間に大泣きしたことくらいだろうか。

言葉通り、長男の亨太郎が母を撫でたことを最後に棺桶を閉じ、母は灰になった。

葬式のすべての工程を終え、僕たちは全国から来てくれた仲間たちをもてなすために、陽なた家に集まり、150人で最後のお別れ会をした。

こうして母が死んだ当日をふくめて僕たちの長い長い3日間は終わった。

そしてこの日を最後に僕の世界からは色が消えた。

53

僕が一番うらやましい人たち

母を亡くした人はたくさんいる。

そしていつか僕もそのときが来ることは頭ではわかっていた。

宣告をされたときから約11カ月で覚悟はできていたはず。しかもできる限り一緒にいていろんな話をしたから後悔もない。そのつもりだった。

しかし、正直あんなにダメージを負うとは思ってはいなかった。

母が死んでから初盆を迎えるまでの3カ月間、父、僕、そして幸士の男3人衆はダメダメになっていた。

そのときに支えてくれた妻たち、そしてむっさんおばちゃん、まゆみねえちゃんをはじめとするたくさんの人たちに心から感謝したい。

その時期に覚えていることは3つだけある。

1つめが母の葬式に来てくれた弟分がリヤカーで1冊の本を日本全国で売り続けてきたゴールイベントに参加したこと。

2つめが岡山の友人の会社の設立パーティー。

そして3つめが母が亡くなる前に完成した、『成功の条件』(きずな出版)が出版され、東京、大阪でイベントをやったこと。

他に記憶がない。


特に印象深かったのは、先の2つ、ゴールイベントと会社設立イベントは主役の母が参加していたことだった。

『成功の条件』を北家で書き上げたとき、一番にプリントアウトして母に渡したが、そのときの母は「がんばったね」とは言いながらも原稿を読むまでには至らなかった。

2つのイベントで僕は彼らのお母さんたちとやたら話していた気がする。

世の中にはいろんな成功者たちがいる。

しかし今もふくめ、その頃の僕は、「お母さんがこの世に元気で生きている人が一番うらやましい」無意識にそう思うようになっていた。

そんな感じで過ごした3カ月弱を経て、母の初盆の準備がはじまった。遺品整理をずっとやらなかった僕たちが、前に進むために実家の片づけをはじめた。

その初盆がはじまる2日前に、僕の運命を変える遺品と出会うことになる。

54 ノート

僕は母が一番愛した仏間の整理担当。

仏壇や母の仏具を整理して、先に届いた花もふくめ飾り付けをしていた最中、父がドカドカとやってきた。

微妙に不機嫌な空気が伝わってきたが、気にせずに僕は作業に集中していた。


「おい」

「なに？　なんか機嫌悪いね」

「そんなことないけど、ほら」

ぶっきらぼうに1冊のノートを手渡された。

そのノートは生前、母が僕に書いてくれていたものだった。

ノートの中盤くらいまで、いろんなことが書かれ、あとは白紙だった。

「わあ、母さんこんなの書いてくれてたんだ。あとでゆっくり読むよ。父さんのは？」

「俺にはない！　そもそもなんでお前だけなんだ？」

そうぶつくさ言いながら自分の持ち場であるリビングに戻っていった。


母が死んだ後、緊張の糸が切れたのか、父はわがままになっていた。

お通夜の前の日、母が仏間で眠っていた夜も、僕と幸士が母の隣に寝ていたことに腹を立てて、お通夜がはじまるまで大変だったことを覚えている。

そう考えると父も母も、実の息子たちが感動するくらいえらく哲学的なことを言う部分と、それと矛盾した限りなく理不尽な部分を兼ね備えていた夫婦だったと思う。まあ人間らしいと言えば人間らしいとも言える。

正直読むと作業が止まってしまいそうなので、とりあえず最後まで作業を終わらせ、あらためて仏壇の前でノートを開いた。

そのノートには
「7月○日　茂久のコーチング　夢を叶える言葉編」

「8月○○日　茂久と話した感謝と徳の話」

「役職や勲章は人に喜ばれるために存在するもの」

など、項目に分かれていろいろ書かれていた。

そしてその最後のページ、2回目の抗がん剤治療でふたたび九大病院に戻る前の日に書いていたことが僕の未来への扉になった。

茂久へ
私を母親に選んで生まれてきてくれてありがとう。
小さい頃、身体が弱かったけど
だからこそがまん強い子になってくれてありがとう。
いっぱいあなたに支えてもらったね。
やさしくて頼りがいのあるあなたの中でも
きっと辛いときがいっぱいあって、
苦しみながらも乗り越えてきたから今があるのよね。

小さいとき、お母さん厳しすぎて、歩いて少林寺までいかせたよね。
田んぼの中を歩きながらのあなたの小さな背中が
申し訳なかったと思います。

今、いっぱい楽しませてくれてありがとう！

自分の夢をあきらめず、ここまできてくれたからお母さんたちも楽しいよ。

今度みたいな辛いとき、お父さんお母さんをしっかりと支えてくれてありがとう。どれだけ助けられたかわかりません。今もまだその途中です。落ち込みそうになったとき、必ずどこで気がつくのか電話をくれますよね。不思議です。

あなたがいなければ、今の状態では絶対ありません。

茂久の「大丈夫だから！」と言ってくれる言葉は最高の癒しであり元気になります。

ありがとう。

そして素直にお父さんの偉大さを感じているあなたはすごい。
絶対日本一のメンターになるよ。
そのためにお母さんは元気になります！！

ありがとう！　お母さんの子であることに感謝します。
フォーユー。
ここが私の向かうところ。
いっぱい元気にしてくれてありがとう。

あなたの本の日本一のファンのたつみより

55

誓い

8月12日、夜。初盆の準備を済ませ、僕は父と幸士、そして妻の寿美と4人で実家にいた。

昨日の手紙で決めたことを3人に伝えるためだった。

「茂久、話ってなんだ？」

「兄ちゃん、どしたん？」

「何かまたとんでもないこと言いそうだね。もう結婚生活も長いし慣れてるから覚悟はできてるよ。なに？」

昨日のノートをまずは読んでもらった。

3人とも黙って読んでいた。

「あのさ、俺、東京に行くよ」

3人ともあまり驚いた様子はなかった。少し拍子抜けした。

父が口を開いた。

「そうか。何しに?」

「俺、出版で日本一になる。そのためには東京じゃないと無理なんだ。出版社はみんな東京だし。だから行ってくる」

「そうか。幸士はもう独立したたし、陽なた家はもうスタッフが立派に育ってるからいいとして、寿美ちゃんはどうなんだ?」

父の質問に静かに寿美が答えた。

「大丈夫です。いってらっしゃい」

「寿美。お前、えらい軽いな」

「もういないの慣れてるし。そもそも福岡でも東京でも離れてるのは一緒。それに中津に帰ってきた頃から『俺は東京タワーのふもとで仕事をする』って言ってたでしょ。時期が来たんだよ。私もお母さん大好きだったし。だからこっちは大丈夫です。いってらっしゃい」

「うん。兄ちゃん。陽なた家は大丈夫。みんなちゃんと育ってるから」

こんな感じでえらくあっさり東京行きが決まってしまった。

今思えば、この環境に本当に感謝だ。


「茂久、出版の日本一ってそんなに簡単じゃないぞ」

「わかってる」

「でもお前が日本一になったら、たつみは『日本一を産んだ母』になるんだな」

それは考えていなかった。でもよくよく考えたらその通りだ。

父のその言葉で、僕の中でモチベーションというのだろうか、自分のためだけでは決して湧き上がってこないゾクゾク感がきて、身体に鳥肌が立った。

しばらく沈黙が続いた後に父が口を開いた。

「茂久、東京に行って日本一になってこい」

何の涙かわからないが、僕は3人の前で子どものように泣いてしまった。
まだ叶ってもいないのに。
しかしそれはとても不思議な感覚だった。

翌日の初盆に備え、みんな寝静まった後に、母の仏壇の前に座って手紙を書いた。

前略、母さん。

「いつかあなたが日本一のメンターになる姿を見てみたい」
そう言ってくれたあなたの夢を叶えるため
僕は出版で日本一になります。
そして必ずあなたを日本一の母にします。

草々

2016年8月12日　茂久

第5章

僕は必ずあなたを日本一の母にします

56

最古の情報産業である出版一本へ

上京の際に決めたことがある。それは「3年で仕事を一本に絞り込む」ということだ。

それまで僕は飲食店経営、講演、そして出版の三本柱で事業を展開してきた。飲食店も1つのグループと言われる規模になったし、おかげさまで講演依頼もたくさんいただけるようになった。しかし、僕は出版一本に絞ることにした。

理由は簡単。

これが一番好きなことだったから。本作りのためなら寝食を忘れることができる。僕にとって他の2つの事業はそこそこうまくはいったものの、正直そこまで没頭することはできなかった。

それともう1つ理由がある。

僕たち陽なた家は、福岡の大名という中心地で飲食店展開をしながら、実はもう1つ手掛けていた事業があった。それは出版スタジオ。

もともとは、スタッフたちの中にデザイナーや出版経験者がいて、僕の本の企画や表紙作成を外注ではなく、内部でできたことからたまたま生まれた本の企画制作スタジオだった。

福岡にいる時点で30本を超える別著者の本の企画、プロデュースに携わり、この仕事が口コミで増えてきていたこともあり、僕は出版一本に絞ることにしたのだ。

講演は依頼が来ても、こっちで本数を絞ることはできる。

しかし問題は飲食店だった。僕が東京に行ったからといって簡単に店を閉じるわけにはいかないし、第一そこで働いてくれているスタッフたちもたくさんいる。ということで、各店長たちに、3年以内に独立するか、今の店の営業譲渡、わかりやすく言えば暖簾分けをすることに決めた。

ただ、本家となる中津と福岡の陽なた家だけは、店の面積が大きかったことと、僕自身が直接立ち上げた店ということもあり、2018年に中津、2020年に福岡とあらかじめ日程を決め、閉店した。

ちょっとかっこいい言い方になるような気がするが、陽なた家だけは僕自身の思い出として、クローズすることで僕の中で完結し、次に行けるような気がしていたのだ。

20年一緒にやってくれたスタッフたちも、この思いには賛同してくれた。

そして2021年現在、コロナが来たにもかかわらず、彼らのがんばりでファミリーたちの店舗数が続々と増えていることを振り返ると、このときの選択は正解だったんじゃないかなと思える。

57 本は100パーセント読者のためにある

2021年、本格的に執筆をはじめて10年が過ぎた。

当たり前だが最初に本を書きはじめたときは、出版社も書店も僕のことなど知らない。

書店に行くたびに、そのときのベストセラー著者の本が平積みされている。日本のトップランナーの著者の本に限っては、壁一面に本が展開されていて、それを見るたびにうらやましく思っていた。

「どうすればこうなれるのか？」

この問いに対する答えが、本を書きはじめてからの一番の興味だった。

そこを考え、そして仕組みを調べ続けてきた結果として出た結論は

「読者に喜ばれる本を書く」

ということだった。今現在メインとなった出版事業の軸になる理念も、母の一言がきっかけで生まれた。

本格的に執筆をはじめたのが2010年。当時30代中盤のイケイケ経営者だった僕は、まだ我のかたまりだった。

自分がやってきたことも書きたい。伝えたいことも山のようにある。しかし、編集者はあくまで

「大切なのは永松さんが『書きたいこと』ではなく、『読者が読みたいこと』です。徹底的に読者目線に立った文章をください」

ということだった。

今思えば、いちたこ焼き屋だった僕が本を書かせていただけるチャンスをもらえ

るなんてとんでもないことだ。しかし当時の僕はそのありがたさに気づけずに自分の見栄ばかり気にしていたように思う。

編集者との意見が合わず、店でひとりパソコンに向かって葛藤していたとき、母がふと店にやってきたことがある。

「どうしたの？　書けてないの？」

僕が浮かない顔をしていたのだろうか、そう声をかけてきた。僕は正直に自分の思いを話した。

「そっか。そうだよね。気持ちはよくわかるよ」

「……うん。俺書きたいことを認めてもらえない。なんか嫌になってきた」

「それは普通の感情。誰にでもあることだよ。でもね、あんたが今やるべきことは、自分の我を置いて編集者さんの言うことに沿っていくことだろうね。そうすればもっと出版の道が開けるんじゃない？」

こういうとき、母は妙に哲学的なことを言う。お坊さんだからだろうか。

「私はシロウトだからよくわからないんだけど、本ってね100パーセント読者さんのためにあると思うのよ。そう考えたとき、今あんたの立場でやるべきことは、あんたが書きたいことより、読者が読みたいことを全力で探し出すことなんじゃないかな」

母は続けた。

「これってね、本だけじゃないと思うのよ。夢工房の商品も同じ。どうしても私も自分の売りたいものばかりを集めてこようとしていっぱい失敗してきたんだよね。でもね、商品は100パーセントお客さまのためにあるって思ったら、すごく楽になった。大丈夫よ、あんたならできる。とことん読者さんに喜んでもらうことだけ

を考えれば、自分がどんな書き方をするか見えてくるんじゃないかな」

本（商品）は100パーセント読者のためにある――。

この言葉はそこから10年経った執筆人生の中で、今でも僕の軸になっている。その言葉で僕の中の迷いが飛んだ。

とことん学んできたことを魅力的に伝えることにした。

そのことが功を奏したのだろうか。書く本書く本が5万部、10万部と伸びていき、やがて出版が僕の事業の核になっていった。

58 出版の発射台を元気にする

そしてもう1つ。棚に本を並べてもらうためにやること。それは「投資家に得をさせる」ということだった。

これはあまり知られていないが、商業出版とは投資産業だ。著者が起業家だったとしたら、その投資家は、製本から書店営業までを一手に請け負う出版社ということになる。この出版社が「この著者の本を売ろう」という気にならない限り、版も増えないし、当然書店にも大きく展開はされない。

ではその出版社が喜ぶこととは何か？

お歳暮を送ること？　違う。

媚を売ること？　これも違う。

答えは「読者が喜ぶ本をつくる著者になること」ただこれ1つだ。

読者にとってはあまり馴染みがないことだが、出版社の人たちというのは日本で一番本を愛している人たちだ。

年がら年中読者に喜んでもらえることを考えている人たちだ。

しかも日本の出版社の9割近くは東京の23区内にあると言われるほど、出版は東京の地場産業だ。

ということで、僕の東京ライフはとにかく出版社の編集、営業との飲み会の毎日になった。

普通著者は著者同士で集まることが多い。しかし、僕の交友範囲はもっぱら出版社だった。

そしておかしな光景なのだが、その場でほとんど本の企画の話などしないということだ。

僕自身がもともと出版社の営業出身だったからだろうか。編集者だけでなく、営業マンもふくめて集まり、話の内容の99パーセントはここからの出版界の未来。

最近はこの飲み会に出版社の社長や、出版人向け新聞社の社長、書店さんたち、そして著者たちも合流してきて、にぎやかな会になり、この会をきっかけに、この4年間で多くの著者が誕生した。

東京で出版社の人と過ごすことで「東京以外の場所では決して実現できない近い距離で交わされるコミュニケーションの大切さ」を最近ひしひしと感じている。

59 15000分の1

売れる本はそのときの時代背景によって変わる。

ごく一部の普遍的なことを書いた大ベストセラーをのぞいて、ネタは古くなる。

しかもその鮮度は時代の変化のスピードに比例して速くなる。

1年前に売れた本が、1年後に同じように売れるとは限らない時代になった。

時代の必要性、普遍性を捉えることができない本は、日の目を見ずにどんどんお蔵入りされていく。

そして結果的には〝断裁機〟という巨大シュレッダーにかけられて紙として再利用されるという恐ろしい運命が待っている。

尊敬する出版社の社長が
「ベストセラーは多くのコンテンツの残骸の上に成り立つ」

という言葉を残していたが、これは本当にその通りなのだ。

東京に来て、本格的に出版に力を入れ、人の本もふくめて多くの本の企画を生み出していく立場になって、そのことを実感するようになった。

2019年1月。ある出版雑誌の年頭特集で「今年の新刊予定点数」という記事を目にした。

僕が本を書いているジャンルにはこう書かれていた。

「2019年のビジネス実用書の新刊の予想は15000品目」。

その記事を見て正直気が遠くなった。


母との約束だった「日本一の著者になる」ということ。

それはつまりこのジャンルで15000分の1になるということだ。

15000人で100メートルを横一線で走っている絵を思い浮かべてみた。どう考えても1位でゴールを切る姿が想像できない。

しかも、そのとき数は減らしていたものの、まだ講演はやっていて、その講演のラスト20分は母との約束というテーマで
「僕は必ず出版で日本一になります」

などとのたまっていたものだから、数万人の人がそれを聞いている計算になる。

今さら言ったことは引っ込められない。

しかも講演の懇親会などで、若い人たちから
「しげにいが日本一になったら、僕たちがパーティーをつくります！　夢を叶える姿を僕たちに見せてください」
と一点の曇りもなく目をキラキラさせて言われるものだから裏切ることができない。正直その雑誌を見たことをとても後悔した。
そんなとき、一本の電話がかかってきた。

60　チャンスは友が運んでくる

「しげにい、お久しぶりでーす。転職のご挨拶のお電話です」

転職という人生の重大事項をとってても軽く言ってくるその男の名は原口大輔。

一度転職のことで厳しく言ったので、大輔なりに考えた結果明るいノリを選んだのだろう。

その大輔はもともと立ち上がったばかりのきずな出版で、1人で営業マンをやっていた、どちらかというと弟分のような存在だった。

きずな出版が誕生した2013年の初期に、初めて僕の本を書店の壁面展開もふくめ実現してくれたのが、他の誰でもなく、大輔自身だった。

その大輔が1社を経て、すばる舎という古豪の出版社に営業マンとして就職した報告の電話だった。

「よう、大輔。元気か?」

「はい、おかげさまで元気にやってます。つきましてはしげにいに企画のお願いがありまして」

2日後、僕と大輔は麻布の焼き鳥屋で向き合って座っていた。

大輔はすばる舎の編集長の上江洲さんという人を連れてきた。その上江洲さんはとても寡黙な人で、僕の弟と同じ世代だった。


「しげにい、お願いがあります。話し方の本を書いてください」

「いや、大輔。だからそれは今までの結論と一緒だよ」


実は大輔とは、5～6年前からこの会話を繰り返していた。

会うたびに
「はなしかたー、はなしかたー、はなしかたー」

と呪文のように言ってくる。

救いだったのは、大輔が営業だったことだ。基本的には企画の決定権は編集が握っているので、大輔の意見をかわすことができていたことだった。

ただ、あまりにも言われすぎたのか心の片隅に、その企画は残っていた。

上江洲さんはとても好感の持てる編集長で、多くは語らないものの、出版にかける情熱は伝わってくる。上江洲さん、大輔、そして僕はそこから1カ月の間に何度も企画会議を繰り返した。大輔が根回しをしたのだろうか、ある日口数の少ない上江洲さんが僕に結論を切り出した。

「永松さん、今、話し方で困っている人が増えているんです。馴染みのないテーマとは思いますが、まずは話し方を書いていただけませんか？」

ふだんニヤニヤしている大輔も隣で真剣な顔で一緒に頭を下げている。

「大輔、聞いていい？　何で話し方なの？」

「僕が読みたいからです！」

この返答に思わず僕は笑ってしまったが、大輔はかまわず続けた。

「僕はもともと口下手な人間です。この6年間、しげにいのコミュニケーション力がずっと欲しかったんです。誰とでも仲良くなるし、講演もナチュラルにたくさんの人を巻き込むし、その技術、僕にください」

61 喜ばれるのかという新基準

正直、話し方やコミュニケーションは僕の中では分野外のテーマだった。
僕がそれまで書いてきた本は、どちらかというと男性向けの生き方書だった。
そもそも話し方の本は目にはするものの一度も読んだことがなかった。
だから何を書いたらいいのかわからなかったということも、断っていた理由の1

つだった。

僕は1つお願いをした。

上江洲さんはたくさんの企画をすでに抱えていた。

しかし、会社単位でのお付き合いをする上で、初めての本は著者としても不安なものだ。

なので、東京に来てからずっと編集をお手伝いしてくれていた、越智さんというPHP研究所を経て、フリーになった編集者と4人体制プラス、僕の会社の出版チームで企画を進めてもらうことを条件に、話し方本の企画がスタートした。

まずいったん項目を出し、僕が書いてみた。

本当は参考文献に目を通してから書きはじめるのが常道なのだが、あえてそれは読まずに書いた。読むと安易にパクってしまいそうな気がしていたからだ。

話し方というテーマで、人が困っていることは何なのか？

どうすればその問題解決ができるのか？

ここをリサーチしなければいけない。リサーチ対象は僕の会社のスタッフたち、そして塾生たちしかいなかった。

しかし、どちらかというと、そのメンバーたちは、人並み以上に人懐っこく、あまりコミュニケーションに困っている人間がいない。

だからまったく項目が出てこなかった。

しかたがないので、自分で考えて書いてみると、マニアックなノウハウばかりが並ぶ変な原稿が仕上がった。


第一稿目の企画会議。

上江洲さん、大輔、越智さん、僕、そして事務局であり、アシスタントの美智子。

5人が集まって原稿に向き合った。

みんな無言だった。口火を切ったのは越智さんだった。


「あの、永松さん」

「はい」

「言ってもいいですか？」

「遠慮なく」


しばらく沈黙が続いた後、越智さんが申し訳なさそうに言った。


「あの、この原稿、改良の余地がだいぶあるかと……」

「もっとはっきりと言ってください。仲間ですから」

「うん、わかりました。この原稿、面白くないですね。これでは読者さんに喜ばれないと思います」

やっぱり。100パーセント共感だった。僕自身が読んでもまったく面白くない。みんな無言だった。僕たちは、港を出て、いきなり暗礁に乗り上げた船の船員たちのようになっていた。

「どうしましょうかね」

そう口にした僕を上江洲さん、大輔、越智さんがじーっと見た。何が言いたいかわかっている。

「わかりました。一から書き直します」

なかばやけくそだった。

62 話し方はスキルよりメンタル

本をつくるとき、一番大変なことは、実は執筆ではない。

「誰に何を書き、どう問題を解決するのか？」

この軸を決める企画部分が一番大変なのだ。

逆にこの部分を疎かにすると、のちのち執筆を何度もやり直すハメにおちいってしまう。だから僕は本を書くとき、この骨子の部分がはっきり見えるまで、絶対に執筆しない。

ところがそのときは、話し方というあまり馴染みのないテーマにもかかわらず「とりあえず書いてみる」という、それまでの理論を無視したやり方を選択した。

そのため、書き直すことになってしまったのだった。

しかし、いつまでもそこを嘆いてもしかたない。僕たちはふたたび一から企画会議をはじめた。ここで突破口を開いてくれたのは、編集長の上江洲さんだった。

「永松さん、話し方において一番伝えたいことって何ですか？」

その時点で思っているいろんな話をした。上江洲さんは僕の話を聞きながら、一番ポイントを拾おうとしているのがわかる。ポイントのまとまらない僕に、上江洲さんはもう1つ質問をした。

「永松さんが話す上で困った経験は何ですか？」

振り返ると1つだけあった。それは日常会話ではなく講演だった。

まだ講演に慣れていない頃、うなずいてくれない聴衆に悩み、講演が嫌になった記憶があった。

逆に1人でもうなずいてくれる人がいると、やっと落ち着いて話ができるようになる。講演の場では、その人が神に見えた。

そして聴衆の中に神様が数人いるときは、僕のパフォーマンスは信じられないくらい上がった。その経験を通して気づいたことがある。

「話し方はスキルよりメンタル」

僕がこの言葉を言った瞬間、まるで海面を跳ねた魚を網で捕まえる漁師のごとく、上江洲さんが言った。

「永松さん、メインテーマはそれでいきましょう！」

63 初めてのママ向けの本に込めた3つの要素

話し方を主にしたメンタル本、それなら書ける。そう思った。

おそらく本来、話し方というと、職場だったり、ビジネスの営業だったり、リーダーだったり、僕たちのようなステージでのスピーカーが読むようなイメージがある。しかし、この本からそういったビジネス要素は一切外した。

「誰に向けて書くのか？　そしてその読者が読んだ後にどうなれるのか？」

ここはビジネス書を書くときに一番骨の部分になる。

ビジネスを外した日常のコミュニケーション。その悩みを拾っていったときに一番見えてきたのが女性、それもお母さんだった。

「主婦がパート帰りに寄った書店でなんとなくレジに持って行きたくなる本」

「土日に子ども連れで郊外のスーパーに行ったママが読みたくなる本」

これに決まった。

そしてメインで伝えると決めた3つのことがある。

1つめ。「流暢に話さなくていい。それより聞き方を磨こう」

2つめ。「苦手な人、嫌な人と無理にコミュニケーションを取らなくていい」

3つめ。「相手に愛を思って話すことが最高の話し方」

話し方本のセオリーからは反しているかもしれない。

しかし、目的は読者の心が軽くなり、コミュニケーションに対する苦手意識を少しでも軽くすること。本来僕は話し方の先生ではないから、そんな見事なノウハウは持ってはいない。

「喜ばれる人になりなさい」このときも母の言葉が頭をよぎった。

それなら読者の良くなる姿だけに集中しよう。

日本で一番簡単で、今すぐできるシンプルなことに特化した本をつくろう。そう思った。

ふだん本を書くとき、僕はたった1人の読者に絞り、その人の写真を前に置いて書く習慣がある。

しかしながら、近くにそのど真ん中の対象がいなかったので、言い出しっぺで自称話し下手の原口大輔の写真を置いて書いた。「これは大輔にはまだ難しいかな」そう思うところはどんなに自信があってもすべて省いた。

この輪郭に沿って執筆、編集が進み、僕にとって19冊目の書きおろし本、『人は話し方が9割』は誕生し、2019年9月に発売された。

64 運は存在する

本が生まれると、著者と編集者の仕事は9割終わる。

ここからは営業の仕事だ。

僕も出版社の営業をやっていたからわかるが、本が売れるかどうかは営業がどれくらい力を入れて書店にプッシュしてくれるかにかかっている。

書店にはそれぞれサイズがある。どの場所にどれくらい置かれるかで売り上げは変わる。

これはたこ焼き屋と理屈は同じだ。いくらいい商品があっても、お客さまの導線上で目に止まる場所でなければ、売り上げは激減する。つまり書店の棚のどの位置に置かれるかで売り上げは変わる。ここを決めるのが出版社の営業力にかかってくる。

「必ず僕が売ってきます」

そう言ったときの大輔の営業力はすさまじい。それは6年間、大輔を知っている僕が一番よくわかっている。発売される前の1カ月、大輔は日本全国の書店を飛びまわり、まったく会えなかった。

この本をふくめて24冊、僕以外の人の本をふくめて100冊以上の本の誕生に立ち会ってきたおかげでわかることがある。

それは

「ごく稀に不思議な運を持って生まれてくる本がある」

ということだ。

10万部、20万部を何度か経験させてもらったが、こうした本は最初から売れ方の面で、おかしな動きをする。

話9（はなきゅー。『人は話し方が9割』の略）は最初から全国各地の書店でゆっくり売れた。

しかも日本を代表する書店の1つである大阪の梅田の紀伊國屋書店で1週目から1位。それがたまたまテレビの朝番組でランキング情報に取り上げられ、プチブレイク。

そのまま年末まで伸びていき、半年も経たずになんなく10万部を超えた。

ただこの結果はすばる舎全体の営業努力のおかげだということは明記しておく。

しかし、物事はそううまくはいかない。

2020年の3月、新型コロナの大パニック。4月に緊急事態宣言。やっとのことで枠が取れた話9のJR東日本の電車広告は、そもそも電車に人が乗っていないため、まったく意味をなさなかった。

「勢いが止まった。せっかく波に乗ったのに、そもそも駅中の書店が開いてなかったらもうだめだ」

長年の経験から僕はそう思っていた。こうなると著者はショックが大きい。

上江洲さん、大輔ともその時期はあまり連絡を取らなくなっていった。

しかし不思議なことが起きる。上江洲さんの増刷連絡が止まらない。

聞いてみると、緊急事態宣言が出て世の中がテレワーク体制になったことで、あらためてコミュニケーションを見直す人が増えたという。

たしかにテレワークはこれまでよりコミュニケーション力が重要視される。そこに話9がパコっとハマったのだ。

実際にデータを見ると、たしかに駅中書店は数字が下がっているものの、その分郊外店の数字は爆発的に伸びていた。「郊外のスーパー」このキーワードがこれまたパコっとハマったのだった。

ここに大輔をリーダーとするすばる舎の営業軍団の情熱が功を奏し、話9は20万部、30万部と数字を伸ばしていった。

65

『人は話し方が9割』の奇跡

2020年12月1日。

コロナ禍に振り回された年の瀬がはじまる季節の朝早く、一本の電話がなった。

上江洲さんからだった。

「永松さん、おはようございます！」

「ふわぁ、上江洲さん、おふぁようございます。朝早くに元気ですね」

夜型の僕は寝ぼけながら電話を取った。ふだんおだやかな上江洲さんの声はいつになくはずんでいた。

「永松さん、おめでとうございます」

「ん、どうしたんですか？」

「今、日販さんから連絡がありまして……」

「……はい」

「話9が日本一になりました！！！」

「？？？」

寝ぼけていたこともあり、一瞬僕は上江洲さんが何を言っているのかわからなかった。

毎年この日は日本で一番大きな書店卸会社である日販（日本出版販売）の年間発表の日。コミック、文芸、ビジネス、実用など、書店のコーナー別にその年に一番売れた本が発表される。その発表で話9（人は話し方が9割）が2020年のビジネス書部門の年間ランキングで1位になったとの知らせの電話だった。

そして上江洲さんからもう1つ嬉しいお知らせが続いた。

900店舗近くを構える日本で一番店舗数の多い書店グループであるTSUTAYAの2020年度・総合ランキング（小説、実用、ビジネス全分野）で1

位になったと同時にお知らせをいただいたのだった。

「うちの社長たちと飲みましょう！　今日の夜池袋までお越しいただけますか？」

この報告をもらって僕はいっときボー然としていた。

ベッドから起き、毎朝の日課であった母のお水を変えてしばらく遺影の前に座っていた。

「母さん、俺日本一になっちゃった」

つい思わずその言葉が口から出た。

そのときの気分は「やったー！」ではなく「ありがとう」という静かな感覚と、根拠もなく「日本一になる」と言い続けたそれまでのプレッシャーからの開放感だった。

僕はスピリチュアルなことはよくわからない。

しかしこの奇跡は母が後押ししてくれたと僕は今でも思っている。

そして目に見えるまわりの人たちの応援、そしてまだ会ったことのない書店のスタッフさんや、広げてくれた読者さんという目に見えない〝おかげさま〟の力だということは確信している。

それと同時に

「おつかれさま。日本一の称号もらったね。ここからあなたはこの勲章をどう使うの？」

母が生きていたら間違いなくそう言うだろう言葉を自分の中に刻みながら、ここから自分がどう喜んでもらえるのかを考えはじめた。

その日の夜はすばる舎のみなさん、そしてうちのプロジェクトメンバーたちで、池袋にある憩いの韓国スナック「なごみ」で祝杯を上げた（もちろん最大限の感染対策をしながら）。

すばる舎とうちのチームは飲兵衛の集まりという共通点がある。

すばる舎の徳留社長ふくめ、みんながいつも以上に酔っ払っていた。

その日、不思議なことに、どれだけ飲んでも僕はまったく酔いが回らなかった。

ただ、とてもご機嫌な夜だった。

そしてこの日を境に、僕の世界はふたたび色を取り戻した。

最終章

喜ばれる人になりなさい

66

喜ばれる人は不変のテーマ

喜ばれる人になりなさい。

完全にはできていないものの、僕は母のこの言葉を羅針盤に未来を創ってきた。

母をほめるみたいで恐縮ではあるが、よくよく考えてみると、これは人生すべてのことに当てはまることなんじゃないだろうか。


人には3つの大きな心理がある。

1つめが、人はみんな自分のことが一番大切な存在であるということ。

2つめが、人は誰もが自分を大切にしてほしいし、認めてほしいと願っているということ。

そして3つめ、人は自分のことを理解し、大切にしてくれる人のことを好きにな

るということ。

ビジネスもそう。友人関係もそう。コミュニティーだって、エンターテイメントだって起業だってすべてそう。

自分を幸せにしてくれる人のところに人は集まる。

当たり前だ。そもそもすべての人は幸せに向かって生きているのだから。

それが人間、もっと大きく言えば動物すべてに備わった本能だ。不幸な方向にみずから身を任せる人などこの世にはいない。

そう考えたとき、あまり言った本人は深く考えてはいなかったと思うが、幼い頃から言われ続けたたった1つの教えは、結果的に1つの真理だったような気がする。

「まずは自分を幸せにしよう」という言葉がある。

これは半分は真理だ。しかしもう半分は

「まずは人に喜ばれることによって、結果的に幸せになれる」ことだってあると思う。

人は誰もエゴがある。油断すれば自分のことしか考えなかったり、人を押しのけてでも自分の幸せを確保しようとするところもある。

しかし逆に誰かに喜ばれることで自分自身の居場所や立ち位置を発見することだってある。僕はどっちかというと後者のタイプだったと思う。

自分のためにがんばり続けたときではなく、母の教えにしたがって、誰かに喜ばれることによっていつも道が開けてきた。

経営をして20年を超えて思うことだが、「まずは自分論」は社会人としては成立が難しいのではないだろうか？

たとえば人が誰かになんらかのサービスをするときに

「まずは私を幸せにしてください。そうすれば私があなたを幸せにしますから」と言ったらお客さまはお金を払うのだろうか？　それはない。幸せになりたいからこそ人はお金を払うのだから。

だからこそ、僕は後者、つまりまずは「喜ばれる人になる」ことが幸せへの一番最短距離だと思っている。

そう考えたとき結局は喜ばれる人になり、結果として自分が喜べる、それが1つの幸せの形なんじゃないだろうか。

67
応援する人が応援される時代の幕開け

ここまで生きてきた経験の中から、さっきの3つの心理にもう1つだけ付け加えたい。

それは人は誰かを応援している人を応援したくなるということ。

高校野球は人を感動させる。

それはもちろん炎天下の中で全力でプレイする若者たちに心を打たれることが1つの要因だ。

しかし、人は無意識にもう1つ応援したくなる存在がある。

それは一生懸命プレイしている選手たちに、スタンドから声を枯らしながらエールを送っている応援団やチアガール、そして高校生たちだ。

無条件に人を応援している人をなぜか応援したくなってしまうのは僕だけだろうか？　いや、そんなことはないと思う。

この本の執筆に入る数日前、2人の若者が別々に僕を訪ねてきた。

1人は自分がいかに素晴らしいサービスをやっていて、大きな夢を持っているという話だった。たしかに壮大ではあったが、彼と過ごした時間が終わった後、僕はなんとも言えない疲れを感じた。

理由は簡単。その彼の話はすべて自分自身に矢印が向いていたからだ。

いくら稼ぎたい。事業を大きくしたい。有名になりたい。

その話ばかりだったのだ。


逆にその後に来た若者は、最初の彼ほどの勢いはなかったが、地道にまわりの人を応援し、さらにたくさんの人たちを応援していきたいと願い、すでに形にしはじめている若者だった。


しかし少し肩を落とし、「自分にはまだ力が足りない」と落ち込んでいた。

僕はなぜか心を打たれ、微力ではあるが彼を応援しようと決めた。

そして共に歩いてきた経営者だったり著者仲間たちにその彼を紹介した。

みんな一瞬で彼のファンになり、結果的にその彼のやっているプロジェクトを全力で応援しようということになった。


「応援」というとオーバーなキーワードに聞こえるかもしれない。

しかし、よくよく考えると、この世の中の仕事はすべて応援だといえる。


快適な生活を応援する。

スムーズな移動を応援する。

仕事の効率化を応援する。

おいしい料理を囲んでの団らんを応援する。


応援なしに、自分のことばかり考えながら長期的に成り立つ仕事や人間関係など存在しない。

こう考えたとき、喜ばれるということは、つまり応援できる人になるということなのだ。

応援されることは嬉しいし、幸せなことだ。

しかし、逆に応援できる人がいるということはそれに増して幸せなことであり、それも本来僕たち人間に備わった本能なのだ。

68 日本一著者を育てた人になる

僕は出版は応援業であると思っている。

特にビジネス書の世界は、読者の悩みや疑問を解決し、いい方向に導くという著者の思いがダイレクトに伝わる本でなければ売れない。

いくら綺麗な文章を書いたとしても、読者はその著者が本当に読者のことを真剣に考えて書いているのか、もしくは単なる自分の人気取りで書いているのかはすぐに見抜く。

そもそもそんな動機で著者に投資するほど出版社は甘くない。

そう考えたとき、厳しい世界ではあるが、僕はこの業界に本気で身を置こうと決めた。

著者だけではなく、著者の育成家としても。

2018年10月。僕は累計100万部に到達することができ、まわりの仲間たちがパーティーを開いてくれた。

そのとき壇上で感じたことがある。

今思えば無謀な話ではあるが、本を書きはじめた頃
「俺の本が100万部売れれば世の中が変わる」
と本気で思っていた。
しかし実際に100万部にたどりついても世の中はまったく変わっていなかった。
そのとき母から
「こんな素敵な場所をつくってくれたまわりの人に感謝だけど、あなたはまだまだ

ここからだよ」

そう言われた気がした。同時にそのときに

「自分1人では無理だけど、著者がたくさん誕生してみんなで力を合わせれば、なんとかなるかも」

と思った。

「日本一のメンターは、日本で一番メンターを育てた人」

母のこの言葉を自分に当てはめて考えたとき、いい本を生み出すことができる著者は、読者にとってのいいメンターになれる。

そのいい著者が1人でも多く生まれれば、たくさんの本が生まれ、結果的に幸せな人が増える。

これまでの経験を形にして著者たちが育てば、自動的に母の夢が叶う。

だから僕は自分が本を書くだけではなく、著者の育成に力を注ぐ。

そう決めた。

あのパーティーでの誓いから2年半。やっと著者を生み出す仕組みをリリースできるようになった。

ありがたいことにそこから2年で日本一になり、本の累計部数も200万部に到達できたが、これはその著者育成事業をはじめるために母がくれた1つのチケットだと信じている。

69 / DEAR

2021年3月27日。

麻布十番のイタリアンの店に僕は仲間たちと一緒にいた。

「本のチカラで世の中を楽しくする」

というコンセプトのコミュニティーのキックオフパーティーが開催されたのだ。

ミリオンセラー著者やミリオンセラー出版社、そして最近はじまった新しいSNSであるクラブハウスのトップスターたちがたくさん集まったこのコミュニティーの名前は「Dear Books」。

直訳すると「親愛なる本たちへ」であり、意訳すると「本好きさんたち」という意味も兼ねてこの名前にした。

はじめましての人たちも多かったが、まるでずっと昔から一緒に過ごしてきた仲間たちの同窓会のように大盛り上がりだった。

「あんなことをやりたい」「こんなことをやりたい」とたくさんのアイデアが集まりとても素敵な会になった。

ここからは著者だけでなく、出版社、書店、そして読者さんたちを巻き込んでみんなで本の業界を盛り上げていこうということになった。

しかし、さすがは日本を代表する著者や出版社たち。

こそっと集まったはずなのに、「Dear Books」の口コミはさっそく広がりはじめ、多くの出版社や書店からの問い合わせが増え、出版の企画がどんどん立ち上がり、自動運転の車さながらに走りはじめた。

こうなると単なる盛り上がりではなく、一歩一歩具体的に形にするためのプロフェッショナルたちが必要になる。

会場を見渡せば、その日もレセプションまわりで受付をしてくれたり、一生懸命お酒を配ってくれたり、端っこにいる人を他の誰かに紹介してくれるスタッフたちがいる。

母が生前、もしくは僕の上京から、いろんなことを共に乗り越え、一緒に歩き続けてきてくれた頼りになるプロジェクトメンバーたちもいてくれる。

3坪のたこ焼き屋からはじまったストーリーはこうして出版に形を変え、新しくスタートすることになったが、「喜ばれる人」を目指すということはこれまでと変わらない。

そして、たぶんここからも。

70 「喜ばれる人になる」ということ

最後に伝えておきたいことがある。

人から喜ばれるということを、人に媚びることのように捉える人もいる。

「喜ばれないと自分には価値がない」と捉える人もいる。

しかし、**究極的に喜ばれる人になるということは、嫌な人にしっぽを振ってでも、**

とにかく喜ばれないと自分には価値がないんだ、ということでは決してない。

「喜ばれる人になりなさい」というのは、自分を捨てることでは一切ない。

自分の声よりも、他人の視線とか、他人からの指示を大切にするということは喜ばれることではなく、人に媚びるということだ。

人の目ばかりを気にして自分を生きていない人は、究極的に人を愛することはできない。

そうではなく、喜ばれるとは、自分の声を聞くということ。

本来の愛に包まれた自分に気づくということ。

自分の人生の指揮権を自分が握るということ。

自分の人生を生きるということ。

「喜ばれる人になる」と決め、自分を生きはじめたときから、すべてが愛に変わる。

「喜ばれる人になりなさい」とはつまりは「自分の人生を生きなさい」ということなのだ。

そしてこれこそが母の伝えたかったメッセージだった気がする。

本当の意味で自分はなぜここまで命を運んでくることができたのか、というところの根源の源を考えていくと、やっぱり自分を愛して喜ばせてくれた人たちがいっぱい浮かんでくるはず。

その代表格が多くの人にとってお母さんだと思う。

少なくとも僕にとってはそうだった。

誰かに喜んでもらいたい、誰かを応援したい、誰かの役に立ちたい、誰かを幸せにしたい、この思いを僕は「FOR YOU精神」と呼んでいる。

「FOR ME」で奪い合うのではなく、「FOR YOU」で分かち合う、この気持ちを持った人たちが1人でも増えていくことによって、世の中はちょっとずつ変わりはじめる。

理想主義と言われるかもしれない。
笑われることもあるかもしれない。
それでも前に進み続けよう。

いつか喜ばれる人になるために。
喜ばれる人に囲まれる人生を送るために。
母との夢を叶えるために。

今、あなたのお母さんは笑っていますか？

エピローグ――未来にかける夢

2026年5月25日、僕はいつものように仕事をはじめる準備をして、朝ご飯を食べていた。

昨日は大学の講演。しかもその大学は、大学2年生、もうすぐ20歳になる次男の隆之介が通う大学だった。後ろのほうの席で恥ずかしそうに隆之介は聞いていた。

朝食を食べた後、その隆之介が少しぶっきらぼうに口を開いた。

「講演おつかれさま」

「おう、聞いてくれてありがとう。どうだった?」

「うん。まあ俺はいつも聞いてるから。ただ……」

隆之介はその後を濁した。

「なんだよ。気持ち悪いな。評判悪かった？」

「いや、そんなことないよ。ただね、『隆之介のお父さんが言ってたことって当たり前すぎて、もうちょっとその先の深い話を聞きたかったね』って言ってた」

「……当たり前？」


「昨日の講演さ、『喜ばれる人になりなさい』だったじゃん。でもね、それはもうわかってるんだよ。フォーユーなんて俺たちの世代ではもうすでに共通認識だから。それより『どうやってフォーユーを広げていくのか』とか、『どう自分の未来に落とし込んでいくのか』っていう具体的にどう動いていったらいいのかについての話のほうが良かったと思う。ばあちゃんが願った喜ばれる人だらけの世の中になったから、父さんももう次の段階のこと伝えたらどうかなあ？　あ、遅刻する。ごめん、俺そろそろ出るよ。車借りるね。んじゃ行ってきます」

そう言って、息子は僕の車の鍵を持っていそいそと出て行った。

将来、この物語が現実となりますように。

「フォーユーなんて当たり前」

そんな時代がやってきますように。

そしていつまでもあなたが幸せでありますように。

あとがき　この本にかけた3つの思い

5月25日。この日は僕にとってとても不思議な日です。2006年の5月25日、この日に僕は初めての本である『斎藤一人 もっと近くで笑顔が見たい』の出版でした。

ちょうどその日から5年後にあたる2011年5月25日が、僕の出版生活の中で核となる本である『感動の条件』が出版された日。

そこから5年後の2016年5月25日が母の葬儀、そして母の死からまる5年になる2021年の5月25日に『喜ばれる人になりなさい』が出版の運びとなりました。

まえがきとあとがきを同時に書くので、少し長くなりますがお付き合いいただければと思います。

この本は僕の執筆生活24作目の作品になります。

これまでの本はビジネス書としてのフォーマットにしたがって書いてきたのですが、この本は僕にとって大きなチャレンジでした。

そのチャレンジは、まえがきを書かない本であるということ。初めての自分自身のエピソードを中心としたドキュメンタリーエッセイという分野であること。そして何よりも、「1つのタイトルを取るまで書かない」と決めていたということ。

本文に書きましたが、僕は母との約束を果たそうと決めて東京で出版一本の道に事業を絞りました。その約束とは「出版で日本一になる」ということでした。

「喜ばれる人になりなさい」という母の教えは僕にとって本当に大きなものでした。

これだけでも本はつくれたかもしれません。

しかし「ではその喜ばれる人になった先に、具体的にどんな未来が待っているのか？」という、誰の目から見てもわかりやすい形を提案するためには、まず僕自身が目に見える1つの結果を出すということが必須命題だったからです。

このことを、この本の企画を拾ってくださったすばる舎の編集長である上江洲編集長に相談したところ、「たしかにその通りですね。では永松さんがお母さんとの約束を果たしてから、本にしましょう」と言ってくれました。

「いつになるんだろう。10年はかかるかな」と思っていたので、まさかこんなに早くこの本が形になるとは思っていませんでした。

僕自身、スピリチュアル的なことはあまりわからない人間なのですが、母の葬式から5年で、この無謀なチャレンジに対しての1つの結果としてこの本が世に出る運びになったことは、僕自身の実力というより、「喜ばれる人の存在を世の中が必要としているのだから急いで書きなさい」という目に見えない大きな力が僕をここまで運んでくれたとしか思えません。5年間の思いを詰め込んだこの本を境に、もう一度、新たな気持ちでここからの執筆に臨んでいきたいと思っています。

この本は3つの目的を持って書きました。

1つめが、読んでくださる読者の方にお母さんの存在の大切さを再確認していただくために。

2つめが、母・たつみの自由奔放さを通して、今、家事、子育て、仕事をがんばっている世の中のお母さんの自己肯定感を上げるために。

そして3つめが喜ばれる人を増やしていくために。

その目的のために何ができるのか？　もし母が生きていたならどんなギフトを贈るのか？

「もし本をギフトとして贈る文化ができたらどんなに素敵なことだろう」

著者仲間であり、親友であるジョンキムといつもそんな話をしてきました。

そのジョンの発案で、今回、本文の扉の前に、大切な人へのメッセージページを入れ、贈り物としても使っていただけるようにしました。

「Dear」にあなたの大切な人の名前。「From」にあなたの名前。そして「Date」に日付を入れて、オリジナルのギフトとして贈っていただけるようにしました。

もしこの本を読んでくださった後「大切なあの人にも読んでほしい」と思っていただけたときは、ぜひあなたの直筆入りのプレゼントとしてご利用ください。

この本をきっかけに本のギフト文化が広がっていけば、著者としてこんなに嬉しいことはありません。

「喜ばれる人になる」

この考え方が1人でも多くの人に伝わっていきますように。

謝辞

この本は実話なので、僕を支えてくださったたくさんの方のおかげさまで生まれました。

本来ならおひとりおひとりのお名前を書かせていただきたいのですが、母の生前からお世話になった方々をすべて挙げると、迷惑をかけた方が多すぎる分、とんでもないページ数になってしまいます。

ですからこの場をお借りして、母と僕の物語に関わってくださった皆さまに、まずは心から感謝申し上げます。

そしてここからは本書の誕生に直接携わってくださった方々への謝辞を。

まずはじめにすばる舎の徳留慶太郎社長へ。

今回も素敵な企画をつくってくださって本当にありがとうございます。いつも笑顔で一緒にお酒を飲んでくださる社長のお人柄が大好きです。引き続きご指導、よろしくお願いいたします。

編集長の上江洲安成さんへ。

上江洲さん、今回も腰を据えて一緒に本をつくってくださってありがとうございました。おそらく「いつ原稿が上がるのかな?」とヒヤヒヤさせてしまった部分もあったと思いますが、そんなことはおくびにも出さず、じっと見守り、そして伴走してくださったことに心から感謝しています。

そして最初の読者として「永松さん、5回泣きました」という言葉が、今回一番嬉しかったです。上江洲さんの静かな男気が大好きです。次の企画もよろしくお願いいたします。

営業部の副部長である原口大輔さんへ。

大輔、今回も本当にありがとう。話9同様、この本も大輔の飛躍の土台になれるようここからもがんばるね。あのとき約束した通り、ここからも日本全国を走りまくって日本一の書店営業マンになってください。

同じくすばる舎の営業部の皆さんへ。『話9』から今回の本に関しても、執筆の企画会議からのご参加、書店さんへの事前ご案内や展開計画、ありがとうございました。ここからも「みんなで本をつくり、みんなで売る」という体制で大きな仕事をつくっていきましょう。

すばる舎の皆さんとまた「なごみ」で乾杯できることを楽しみにしています。

『Dear Books』の仲間たちへ。

みんな、クラブハウスでの応援、本当にありがとう。3月27日に生まれたあのエネルギーの合流が、ここからたくさんの物語を生み出していくと思うとワクワクが止まりません。

もうすでにあの日生まれた企画が何本も走り出していますが、著者同士がお互いを全力で応援し合いながら、素敵な本を世の中に届けていくという新しい出版の形を創造していきましょう。今回もたくさんの惜しみないご協力に心から感謝します。

この本の一番のアドバイザーであり、応援者であり、同時に僕の最も大切な友であるジョンキムへ。

ジョン、おかげさまでこの本が生まれたよ。ジョンがクラブハウスで僕を引っ張り上げて励ましてくれたからこそ、この本を書ききることができた。それに、本のギフト企画は僕1人では絶対に思いつくことはなかった。このギフトを共に文化にしていこうね。

ジョン部屋のみんなも本当にありがとう。ここからJ&Sのプロジェクトでたくさんの人たちの応援をしていこうね。一生よろしく。

東京に来て5年、いつも一番近くで僕と共に歩いてくれる、永松茂久プロジェクトのメンバーである角伊織くん、トガワシンジくん、池田美智子さん、本田由希子さん、一条佳代さん、内野瑠三くん、山野礁太くん、松田眞理さんへ。

おかげさまでやっとこの本が生まれたよ。今振り返ると長かったのか、短かったのかはよくわからないけど、間違いなく言えるのは、今の僕がこうしていられるのはみんなのおかげです。

ここからさらにたくさんの冒険がはじまると思うけど、これまで同様みんなで力を合わせて楽しく大海原を進んで行こうね。

プロジェクトメンバー同様、永松塾のみんなも本当にありがとう。みんながいてくれるから、いつも新しい企画をワクワクしながら考えることができます。いつかみんなと一緒にプロジェクトを立ち上げる日を楽しみにしてます。

10年前の『感動の条件』からずっと僕の本と映像に楽曲を提供してくれ、今回も快く引き受けてくれたユウサミイへ。

サミイ、ありがとう。感動の条件から10年経ったね。今回の歌もまるで母と僕のために書いてくれたもののような気がする。生前から母を大切にしてくれてありがとう。そしてニューアルバムリリースおめでとう。俺たち何から何まで同時期リリースだね。歌と本、ジャンルは違えど同じ表現者として、サミイを誇りに思います。


父さん、幸士、寿美。

あの悲しい日、そして初盆の誓いから約5年が過ぎたね。いろいろ話したいことがたくさんあるので、この本が出たらそっちに帰るから、そのときは北家でみんなで飲みましょう。

思いがあふれるから短くまとめるけど、父さんの息子、幸士の兄、寿美の夫として誇れる人間であるようにここからもがんばります。

2人の息子である亨太郎、隆之介へ。

近くにいないのに育ってくれてありがとう。父らしいことまったくできてないけど、少しでも2人が誇れる父親になれるようにがんばるよ。本当にありがとう。

ばあちゃんの残してくれた「喜ばれる人になりなさい」という言葉を大切に大き

な男に育ってください。

そしてもう1つの子どもたちであるトイプードルの「とら」「さくら」「ひな」「ももこ」そして新しく家族になってくれた「まる」へ。今回もいい子で応援してくれてありがとう。この本が出て落ち着いたら、今度こそは大きなドッグランのある温泉に行こう。たくさんの幸せをありがとう。

天国の母へ。

おかげさまでこの本が生まれたよ。少しそっちにいくのが早かったけど、今はいつもそばにいてくれてる気がしてます。ずっと言い続けてくれた言葉をたくさんの人に伝えていくから、引き続きそっちから応援よろしく。俺を産んでくれてありがとう。母さんの子に生まれてよかった。

この本を手に取ってくださったあなたへ。

この本を通して出会ってくださって本当にありがとうございます。今回、巻末にて感謝の気持ちを込めて、メッセージと動画、そして母・たつみの言葉集をプレゼントさせていただきます。本を読んでいただいた後にご視聴いただくと、もっとご理解が深まるのではないかと思いますので、よかったらご視聴くださいませ。

最後になりますが、この本の誕生にお力を貸してくださった、ここに書ききれなかったすべてのおかげさまに心から感謝いたします。

この世の中が、喜ばれる人たちが創り出す、たくさんの夢と感動であふれますように。

２０２１年吉日　新しくオープンした麻布サロン６０１にて、来たるアフターコロナの出会いを楽しみにしながら。感謝。

永松茂久

感謝の「ギフト」のご案内

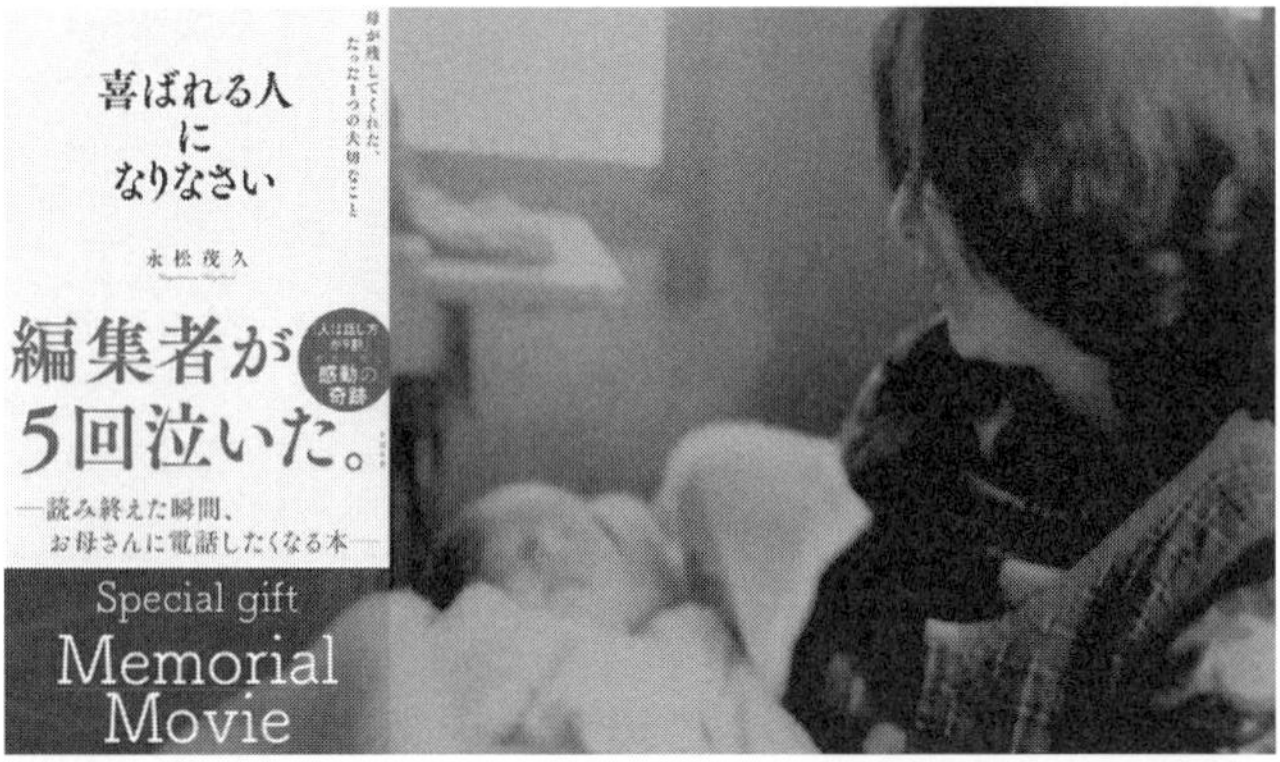

①「喜ばれる人になりなさい」メモリアル動画

②永松茂久からのメッセージ

③「喜ばれる人になりなさい」母の言葉集 PDF

詳細はこちらより。

https://nagamatsushigehisa.com/yorokobareru-tokuten

※特典の配布は予告なく終了することがございます。予めご了承ください。
※音声、PDFはインターネット上のみでの配信になります。予めご了承ください。
※このギフト企画は、永松茂久が実施するものです。企画に関する
お問い合わせは「https://nagamatsushigehisa.com/」までお願いいたします。

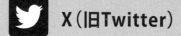

永松茂久　ながまつ・しげひさ

株式会社人財育成JAPAN 代表取締役。

センチュリー出版オフィス 主幹。

大分県中津市生まれ。

2001年、わずか3坪のたこ焼きの行商から商売を始め、2003年に開店したダイニング陽なた家は、口コミだけで毎年4万人（うち県外1万人）を集める大繁盛店になる。

自身の経験をもとに体系化した「一流の人材を集めるのではなく、今いる人間を一流にする」というコンセプトのユニークな人材育成法には定評があり、全国で多くの講演、セミナーを実施。「人の在り方」を伝えるニューリーダーとして、多くの若者から圧倒的な支持を得ており、講演の累計動員数は延べ70万人にのぼる。

2016年より、拠点を東京麻布に移し、現在は自身の執筆だけではなく、次世代の著者育成、出版コンサルティング、経営コンサルティング、出版支援オフィス、講演、セミナーなど、数々の事業を展開する実業家である。

著作業では2021年、『人は話し方が9割』（すばる舎）がすべての書籍を含む年間ランキングで総合1位（日販調べ）、ビジネス書部門で2年連続1位（日販調べ）、トーハンのビジネス書年間ランキング（トーハン調べ）で1位に輝く。2022年2月、同書が単冊で100万部を突破。2022年上半期も総合1位（日販調べ）、ビジネス書部門では日販、トーハン、オリコンすべてで1位となり3冠を獲得。2022年のビジネス書年間ランキング（日販調べ）では、史上初の3年連続1位に輝く。さらに2023年のビジネス書上半期ランキング（日販調べ）では、前人未到の3.5年連続1位を達成。トーハン、オリコンも1位となり3冠を獲得。

著書に『リーダーは話し方が9割』『人は聞き方が9割』（すばる舎）、『心に響く言葉』（徳間書店）、『君はなぜ働くのか』『君は誰と生きるか』（フォレスト出版）、『30代を無駄に生きるな』『20代を無難に生きるな』（きずな出版）、『感動の条件』（KKロングセラーズ）など多数あり、累計発行部数は410万部を突破している。

永松茂久　検索

喜ばれる人になりなさい

母が残してくれた、たった1つの大切なこと

2021年 5 月25日　第 1 刷発行
2024年 4 月23日　第14刷発行

著　者　永松茂久《ながまつしげひさ》
発行者　徳留慶太郎
発行所　株式会社すばる舎
〒170-0013 東京都豊島区東池袋3-9-7東池袋織本ビル
TEL　03-3981-8651（代表）　03-3981-0767（営業部）
FAX　03-3981-8638
https://www.subarusya.jp/
印刷所　シナノ印刷株式会社

落丁・乱丁本はお取り替えいたします

ISBN978-4-7991-0970-0